"之""者""而"新解

吴怀成 完权 许立群 著

学林出版社

总　序

沈家煊

这一套丛书的缘起，是出于这样的考虑：长期以来，在语言学领域，我们不断学习和借鉴来自国外（主要是西方）的理论和方法，有成效，在某些方面成效还很显著，但是总的来说，还是觉得运用在汉语上不免捉襟见肘、圆凿方枘，至少勉强不自然。启功先生曾有一个比方，说小孩套圈游戏，小圈圈只能套小老鼠，印欧语"葛郎玛"（grammar）是小圈圈，套不了汉语这只大熊猫。这种感觉突出反映在一些有争议的热点问题上。有的曾经是热点，如词类问题、单句复句问题，冷寂了一段时间，但是问题并没有解决，还时时冒出来困扰着我们；有的是国外出了新的理论，用来处理汉语而形成新的争论点，比如句法成分的移位问题，音步和韵律的问题。之所以成为新的争论热点，显然也是因为新搬用的理论用起来不顺畅、不协调的地方很多。有的问题，例如主语和宾语的问题，曾经是热点，后来问题基本解决，取得共识，而新的问题又出来了,如主语和话题继而成为一个不断争论的问题。值得注意的是,主宾语的问题得以基本解决、取得共识,这是摆脱印欧语那种主宾语观念的结果。

国外的理论在不断的翻新,出来一个我们跟进一个,有时候人家已经翻新了,声明放弃原来的理论框架,我们还在吭哧吭哧按照人家那个老框架在思考和行事,有不知所措的感觉。许多人觉得这样下去总不是个事儿,想要改变现状。但也有不少人以重视和彰显语言的"共性"为理由,想维持现状,其实他们所说的"共性"是以人家提出的那一套理论为参照的,却忽略或者无视汉语的个性。共性寓于个性之中,没有语言的个性哪来语言的共性呢?近年来,国际语言学界逐渐形成一个认识,要弄清人类语言的本质,先要充分了解语言的多样性。我的同道朋友朱晓农君说,universals(共性)应该音义兼顾翻译成"有你我式",你中有我我中有你,不是只有你没有我,对此我十分赞同。据我所知,国外很多学者也不希望我们只是跟着他们走,而是想听到基于本土语言事实提出的新见解,发出的新声音,使他们也能从中得到启发。

一百多年西学东渐,语言学领域学习和借鉴西方的努力一直没有停息,另一方面,摆脱印欧语传统观念的束缚的努力也一直没有停息。我们的前辈早已为我们指

总　序

明了方向，要进一步摆脱印欧语传统观念的束缚。正如朱德熙先生生前所言，很大一部分的争论问题是由于受这种观念的影响，先入为主，以致看不清汉语语法的本来面目引起的，要是我们能摆脱这种干扰，用朴素的眼光看汉语，有许多争论本来是不会发生的。还说后之视今犹今之视昔，今天可能还在不知不觉中受传统观念的摆布，那就要等后人来纠正了。朱先生给我们留下的学术遗产中，有一个十分重要的观点，汉语的动词做主宾语的时候没有印欧语的那种"名词化"，这是摆脱干扰的一次实践，为我们树立了一个榜样。吕叔湘先生跟朱德熙先生的想法一致，在晚年向我们发出语法研究要"大破特破"的号召，要把"词""动词""形容词""主语""宾语"等名称暂时抛弃，要敢于触动一些原先不敢动他一动的条条框框。

吕先生和朱先生虽然是针对语法研究而言，为我们指出的方向却是适用于整个汉语的研究。汉语的语法是"大语法"，语言的组织运行之法，包括语音、语义和用法在内，过去按"小语法"来理解汉语的语法，这本身就是受印欧语传统观念的影响。

策划这套丛书的出发点就是响应"摆脱干扰、大破特破"的呼吁。近年来这方面的努力比较显著，有了一些新的进展，有必要做个小结，理清思路，明确方向，继续前进。这套丛书因此也可以叫"破立丛书",每一册就某个具体的热点问题,先对以往的研究加以梳理和评析,指出破除传统观念、摆脱干扰的必要性,然后摆出新的观点并加以论证,目的是让读者明了问题的来龙去脉、症结所在,活泼思想,减少执着。这个设想有幸得到学林出版社的支持,使得想法得以实现。虽说"破字当头,立在其中",但要真正立起来,不是件轻而易举的事情,还有艰苦的工作要做,目前书中摆出的新观点、新思想还大有充实完善的必要,甚至有修正取代的可能。

策划这套书还有一个出发点是写法,虽然讨论的是复杂的学术问题,但还是要写得浅显一点,通俗一点,尽量少用难懂的名称术语,篇幅简短一些,一个问题一个小册子,不让一般读者觉得深奥繁复,不得要领,望而生畏。当然要做到这一点实属不易,目前的面目还大有改进的余地。

我们希望这套丛书不仅对专门从事语言研究的人,不管是老将还是刚入门的新手,对广大的语言教师,包括外语和母语的教学,都有一定的启发和帮助,而且希望那些对语言问题感兴趣的朋友,那些在语言工程、信息处理、语言心理、语言哲学、社会语言学等领域的人士也能从中获得一些知识,得到一些启示。

2017 年 12 月 12 日

目 录

总序／沈家煊　　1

1 绪论　　1
　1.1 研究概况　　1
　1.2 存在的问题　　8
　1.3 目的和意义　　14

2 虚词"之"　　16
　2.1 "之"字以往研究　　16
　2.2 "之"字研究评述　　23
　2.3 "之"字新解　　33
　2.4 本章小结　　58

3 虚词"者"　　61
　3.1 "者"字以往研究　　61
　3.2 "者"字研究评述　　67

3.3 "者"字新解　　　　　　　　　　　98
3.4 本章小结　　　　　　　　　　　109

4 虚词"而"　　　　　　　　　　112
4.1 "而"字以往研究　　　　　　　112
4.2 "而"字研究评述　　　　　　　119
4.3 "而"字新解　　　　　　　　　129
4.4 本章小结　　　　　　　　　　　147

5 结语　　　　　　　　　　　　　149
5.1 如何摆脱印欧语眼光　　　　　149
5.2 "指"为根本　　　　　　　　　154

参考文献　　　　　　　　　　　　160

1 绪 论

1.1 研究概况

古汉语虚词研究已经有 2 000 多年的历史。19 世纪以前的研究都是属于语文学范围的,直到《马氏文通》问世,这种研究才进入现代语言学研究的新时期。郭锡良(2003)认为,《马氏文通》之前的古汉语虚词研究可分为两个阶段:从先秦到唐宋是汉语虚词零散探讨的阶段,元代开始了虚词的专门研究,清代发展到了传统虚词研究的顶峰。传统虚词研究的渊源大致可以分为两个方面,首先是作为训诂的重要内容而存在和发展的,其次是作为文论中的修辞、文章作法而被探讨的。林归思(1990)则以《马氏文通》为界,把 20 世纪以前的古汉语虚词研究统称为"古典型虚词研究",把 20 世纪之后的古汉语虚词研究分为两个阶段:近代型的虚词研究和变革中的新型虚词研究。尽管在 20 世纪,汉语语法学发展迅速,现代汉语语法研究不断吸收西方的新理论、新方法，更新体系，拓展研究的深度和广度，汉语历史语法、方言语法研究也有长足的进步，但是古汉语虚词研究却仍然受到传统训诂学的严重影响，亟须用现代语言学的理论、方法来改变这种状况（郭锡良 2003）。本书采用林归思（1990）之说，把古汉语虚词研究分为三个阶段，即古典型虚词研究、近代型虚词研究和变革中的虚词研究。下面将根据林思归（1990）对这三个阶段的虚词研究作一个简单介绍。

1.1.1 古典型虚词研究

古典型虚词研究注重虚词的语文感受及其在句子组织中的表达作用，带有直观性和体验性，在方法上往往采取随文注释和比合同类的办法。古典型虚词研究又可以分为三个阶段。

（1）辞训式的虚词研究阶段

这一阶段主要指汉代至南北朝时期的训诂学者对虚词的研究，以《诗经》毛亨传、《诗经》郑玄笺、许慎《说文解字》和孔颖达《毛诗正义》为代表。从汉代开始，为探求经义而呕心沥血的文字训诂学家就注意到汉语的词并非都有实在的词汇意义，有些词只能从这个词同其他词的连贯使用中求得解释。如《说文解字》对部分虚词解释如下：只，语已词也；矣，语已词也；哉，言间词也；者，别事词也。虽然辞训式的虚词研究积累了不少有关虚词研究的资料,但是这种研究是零散的,不具有系统性。

(2) 辞气式的虚词研究阶段

这一阶段主要指南北朝时期至清初的文学理论家、散文家等对虚词的研究,以刘勰《文心雕龙》、柳宗元《复杜温夫书》、卢以纬《语助》和袁仁林《虚字说》为代表。辞气式的虚词研究是从文学理论家、散文家那里开始的,他们在自己的创作实践或文艺评论的实践中深感虚词体现文章的神情、文章的抑扬顿挫和气韵的顺畅与否。因此,从文句韵的运行规律出发,开始对虚词按照语气的作用加以归类。袁仁林在《虚字说》中明确指出,"虚字无义","凡书文发语、语助等字,皆属口吻。口吻者,神情声气也。当其言事言理,事理实处,自有本字写之,其随本字而运以长短、疾徐、死活、轻重之声,此无从以实字见也,则有虚字托之,而其声如闻,其意自见,如虚字者,所以传其声,声传而情见焉"。

(3) 辞例式的虚词研究阶段

这一阶段主要指清初至清末学者对虚词的研究,以刘淇《助字辨略》和王引之《经传释词》为代表。辞例式的虚词研究,主要指从大量的书证中排比归纳出虚词运用的规律,综合成虚词类别。林归思(1990)认为清代的刘淇是辞训、辞气式虚词研究的集大成者，又是辞例式虚词研究的启蒙者。他在《助字辨略》中的每一个虚词条目下都列出大量书证。这些书证的内容有经传、诸子、诗词、小说等，上起先秦，下至宋元，无所不包。书证以原文为主，有时也引用一些旧注。这样辞例与辞训、辞气互为补充，相得益彰，使《助字辨略》的虚词训释翔实而可靠。继《助字辨略》之后，清代王引之的《经传释词》将辞例式的虚词研究推进到一个新的水平。王引之不仅吸收了当时声义相通的理论来判断虚词的同义关系，更为可贵的是，他已经能比较自觉地把辞例（辞句的结构）同虚词的用法结合起来，比合许多同类型的句子而又贯串上下文加以推敲，显示出较清晰的语法的意识和思路。

1.1.2 近代型虚词研究

近代型虚词研究指的是在西方语法学影响下所进行的虚词研究。它的研究特点是吸收西方语法学关于词类和句子成分、结构和结构关系的理论，使传统的辞例式虚词研究成为一种现代语言学意义上的自觉的关系词、功能词研究。林归思（1990）认为奠定近代型虚词研究学术规范的是杨树达的《词诠》。《词诠》的最大特色是借助西方语法的词类范畴来帮助读者掌握各个虚词在句子组织中的功能。近代型虚词研究的学术范型一直持续到 20 世纪六七十年代，主要在以下几个方面进行了深入的探讨。

（1）虚词的源流研究

王力等汉语史学者开始把虚词的演变作为汉语语法发展的重要线索。王力的《汉语史稿》详细探讨了汉语中介词、连词、人称代词、指示词、疑问代词、系词、副词、语气词的演变，以及近代汉语中新的虚化成分"了""着""过""们"等的产生。除了汉语史专著对虚词演变的整体研究外，还有一些论文讨论了个别虚词的演变，其中一个热点问题是关于系词的产生和演变。

（2）虚词的小类研究

近代以来对某类虚词作深入探讨而引起争论的论著不少，其中较为集中的是对古汉语虚词中否定副词和助词的探讨。例如，丁声树（1933）认为"弗"用于省略宾语的外动词和介词之上，是含有代名词性实词的否定词，其作用等于"不之"；"不"用于带宾语的外动词、介词和内动词之上，是个单纯的否定词。吕叔湘（1941）认为"勿"的作用略等于"毋之""毋是"，是"毋之"的合音。"毋"与"勿"的区别与"不"与"弗"的区别相当，汉魏以后否定句代词宾语不再提前，"毋"与"勿"不相缀，"勿""毋"无语法区别，"勿"代替了"毋"，"弗"代替了"不"。王力（1980：

322）认为"不"和"毋"的分别是一般性否定和禁止性否定的分别，"弗"和"勿"的分别也是一般性否定和禁止性否定的分别。

（3）虚词的个别研究

虚词的个别研究就是指针对个别虚词所作的研究。这一时期，虚词的个别研究有代表性的是"为""所以""之""是""所"等。

（4）虚词的整体研究

自杨树达的《词诠》之后，又陆续有多部古汉语虚词词典问世。这些词典在方法和体例上大致相同，都属于近代型的虚词著作，主要有吕叔湘著的《文言虚字》、杨伯峻著的《文言虚词》、何乐士等著的《文言虚词浅析》等。

1.1.3 变革中的虚词研究

如果把《马氏文通》问世至20世纪70年代看作近代型虚词研究阶段，那么可以把改革开放至今的虚词研究称作"变革中的虚词研究"。这里的"变革"主要指研究范式的变化。林归思（1990）指出这一时期呈现出不少新的有希望的研究范式，包括：（1）虚词的汉藏系语言比较研究；（2）虚词的体系研究；（3）虚词的专书断代研究。

邢公畹（1982）认为由于形态变化在汉藏语系各种

语言的语法里不占重要地位，因此汉藏语系语言的语法学的研究和比较要从虚词开始。汉藏系诸语言的虚词体系有三个特点：一是比实词的数量要少得多，二是几乎没有什么孳生能力，三是使用频率很大。汉藏系语言的虚词大体上都有对应性，把汉藏系同一语言的不同方言或同一系的不同语言进行比较，又可以发现起同一语法作用的虚词在不同语言和方言里有时会发生很大的变异。

张世禄（1978）对近代型虚词分类体系作了深刻的批判，认为现行文言虚词的分类应该大大简化：一般所说的叹词、语气词、语气副词都是表示语气的；"判断词"是实词虚化的结果，也是表示语气的。它们的作用都贯串全句，不仅仅和句中某个词发生修饰关系，应统归为语气词。

古汉语专书虚词研究全面铺开，如祝敏彻的《〈朱子语类〉中"地""底"的语法作用》（1982）、刘凯鸣的《〈世说新语〉里"都"字的用法》（1982）、管燮初的《西周金文语法研究》（1981）、何乐士的《左传虚词研究》（1989/2004）等。

变革中的虚词研究是继近代型虚词研究之后，在全面吸收西方语法理论的基础上，从历时和共时两个平面对古汉语虚词进行全面、深入、系统的研究。郭锡良

(2003)指出,古汉语专书虚词研究、专题虚词研究和断代虚词研究必将更广泛、深入地开展下去,古汉语虚词的语法作用、语法意义和它的发展变化也必将被彻底弄清楚。

1.2 存在的问题

如果以《马氏文通》作为分界,我们可以把古汉语虚词研究简单地分为两个阶段:一是以训诂为主要方法的研究阶段,一是以借鉴西方语法理论为主要方法的研究阶段。古典型虚词研究以训诂的方法研究虚词本来也无可厚非,因为这一时期的虚词研究并不是语言学意义上的虚词研究,而是为解读经子典籍服务的,属于语文学范围的虚词研究。而近代型虚词研究和变革中的虚词研究虽然使古汉语虚词研究成为真正的语言学意义上的虚词研究,但是由于传统虚词研究的影响很深,加上汉语语法与印欧语诸语言的语法存在很大的差异,导致古汉语虚词在近百年的研究中呈现出两个方面的问题:一是受传统训诂学的消极影响较深,二是用印欧语的眼光看待汉语虚词。

1.2.1 训诂学的影响

以《汉语大词典》为例,关于虚词"而"的训释

1 绪 论

如下：副词义 3 项，连词义 7 项，助词义 2 项，语气词义 2 项。郭锡良（2003）指出，《汉语大词典》中三项副词义都是采用前人研究虚词的成说。摘录如下：

> [5] 副词。1、表示时间，相当于"才"。《玉篇·而部》："而，乃也。"杨树达《词诠》卷十："而，副词，与乃同，始也。"《左传·襄公九年》："有四德者，随而无咎。"……2、表示范围，相当于"只"、"唯独"。清吴昌莹《经词衍释》卷七："而，犹唯也。"《论语·季氏》："不患寡而患不均，不患贫而患不安。"……3、表示继续，相当于"犹"、"还"。清吴昌莹《经词衍释》卷七："而，犹犹也。"《论语·阳货》："年四十而见恶焉，其终也已。"邢昺疏："言人年四十犹为恶行而见憎于人者，则是其终无善行也已。"……（第2810页）

郭锡良（2003）认为，"而"字根本没有副词义，《汉语大词典》所列三个副词义的全部引例都是连词"而"顺接两个谓词性成分的常见用法。传统训诂资料根据引例所处语境的语意作出的三种训释，其实都是从串讲、翻译的角度作出的。古人注疏典籍，便利读者，未始不可，定作一个虚词的义项，就很不科学了。

"之""者""而"新解

两项助词义有一项是编者采取训诂学的方法根据注释资料设立的,摘录如下:

> [7] 助词。1、表示偏正关系,相当于"之"、"的"。《论语·宪问》:"君子耻其言而过其行。"《淮南子·人间》:"虞之与虢,相恃而势。"《说苑·建本》引《诗》:"人而无良,相怨一方。"按:《诗·小雅·角弓》"而"作"之"。又相当于"着"、"地"。《左传·哀公七年》:"不乐而出。"《史记·陈涉世家》:"庸者笑而应曰:'若为庸耕,何富贵也?'"《礼记·曾子问》:"揖让而入。"(第2811页)

郭锡良(2003)指出,"而"训"之",本来是杨树达(1930/1984)在《高等国文法》中提出来的,第一个例子也是他首先引用的。在《词诠》中他说:"陪从连词,与'之'字同用。"裴学海在《古书虚词集释》中引用了大量用例论证"而"训"之",包括这里所引的三个用例。他说:"'而',犹'之'也。训见《高等国文法》一为口语之'的'。"在第一个引例后面加按语说:"按皇侃《论语义疏》'而'作'之',是以意改。"在第二个引例后面加按语说:"《诸子平议》谓'势'字义不可通,疑本作'相恃而存也'。失之。"第三例两书相同。杨树达正像俞樾一样,从三个用例中看到,依"而"的一般用法理解,"义不可通",从而作出了有失稳妥的结论。裴学海更用训诂学的互文见义、异文相证的办法把许多不同类型例句中的"而"字断作"口语中之'的'"。比如,这里的第三例"人而无良"就和"子产而死"是一个类型,按《经传释词》就应释作"若"或"如"(当然,释作"若"或"如"也不对)。《汉语大词典》不仅采用了这种不正确的训释,还提出"而"又相当于"着""地",这是很明显的失误。这一训释,既无说明,我们也找不出它的所本。所举的三个例子,就与该词典提出的连词的第二项"表示承接"或者第七项"连接修饰语与动词"的用例相同,编者在此完全是从翻译的角度把这些"而"字释作"着""地"的。

从上面郭锡良(2003)对《汉语大词典》对古汉语虚词"而"的解释的分析中可以看出,古汉语虚词研究受到训诂学的消极影响是非常大的。

1.2.2 印欧语的眼光

当前汉语学者在古汉语虚词研究方面试图借鉴和吸收西方语言学理论,在极力摆脱训诂学影响的同时,似乎又走向了另一个极端,即常常使自己的研究套上了西方语言理论的枷锁,无法摆脱印欧语的眼光。汉语研究中的"印欧语的眼光"是朱德熙首先明确提出来的,不过这种看法在语言学界早有议论,只是没有形成一种明确的说法(徐通锵 1997/2014:6)。关于"印欧语的眼光",朱德熙(1985,日译本序)曾说:"在中国的传统的语言学领域,音韵学、文字学、训诂学都有辉煌的成就,只有语法学是十九世纪末从西方传入的。所以汉语语法研究从一开始就受到印欧语语法的深刻影响。早期的汉语语法著作大都是模仿印欧语语法的。一直到本世纪四十年代,才有一些语言学者企图摆脱印欧语的束缚,探索汉语自身的语法规律。尽管他们做了不少有价值的工作,仍然难以消除长期以来印欧语语法观念给汉语研究带来的消极影响。这种影响主要表现在用印欧语的眼光来看待汉语,把印欧语所有而为汉语所无的东西强加给汉语。"徐通锵(1997/2014:15)进一步指出了"印欧语的眼光"的核心内容,即"'词'是印欧系语言的基本结构单位,以此为基础而建立起来的语言理论基本上就是'主语—谓语'的结构框架以及和此相联系的名词、动词、形容词的划分"。

林归思(1990)指出,从现代语言学的意义上说,《词诠》的语法学意识还是不彻底的。这主要表现在作者一方面在理论上套用西方的词类体系,一方面在具体分析中又承认"词无定义,虚词随其所用,不可执著耳"。从表面上看，作者是将词类和句子成分混同，按主语、宾语定名词，按定语定形容词，按状语定副词，结果一个疑问代词成了多个"疑问代名词""疑问形容词""疑问副词"，使虚词的解释变得十分繁琐。然而深究一下其内在原因，这种无所适从的状况正显示出套用西方词类体系来研究汉语虚词的一个难以逾越的障碍。张世禄（1978）在《古代汉语》中率先对近代型虚词分类体系作了深刻的批评。他认为现行文言虚词的分类应该大大简化：一般所说的叹词、语气助词、语气副词都是表示语气的；"判断词"是实词虚化的结果，也是表示语气的。它们的作用都是贯穿全句，不仅仅和句中某词发生修饰关系，应统归语气词。一般所说的介词、连词在古汉语中没有分为两类的理由，结构助词、连接副词与介词、连词也有许多纠缠不清的地方。这些虚词应统归关系词。这样就革除了在助词中讲语气词、结构助词，在副词中讲语气副词、连接副词，以及同表示实在意义的否定、时间、程度、范围副词等混为一谈的种种不合理现象。张世禄认为古汉语虚词分类的繁琐是由于将西方语法和语法理论的帽子戴在汉语头上，终究感到有些不合适，于是周旋补缀，造成臃肿的词类体系。

我们认为林归思和张世禄二位先生的批评是中肯的，因为汉语本来与印欧语就不是同一种类型的语言，语法特点很不一样,用西方语法理论来研究汉语,终究是不合适的。

1.3 目的和意义

1.3.1 目的

当前汉语学者在借鉴和吸收西方语法理论研究古汉语虚词时往往忽略了汉语的实际特点,导致人们对同一个虚词提出了各种各样的看法,引来了许多争议,因此有必要从汉语实际出发,立足汉语语法自身的特点来讨论古汉语虚词的句法语义作用。因为古汉语虚词有很多,如元代卢以纬《语助》中收录虚词120多个,而清代王引之《经传释词》中收录虚词160多个,所以我们不可能对汉语学者的古汉语虚词研究作一个全面的回顾和讨论。本书只对当前古汉语虚词研究中的三个热点问题("之""者"和"而")作一个较为系统的梳理,对各家关于这三个虚词的观点进行客观的评述,旨在告诉读者西方语法理论在解释汉语语言现象时的不足,以及汉语语法研究应该立足汉语实际。本书的主体部分主要根据沈家煊、完权(2009),吴怀成、沈家煊(2017)和沈家煊、许立群(2016)修改而成。选这三个虚词,还因为它们有内在的联系,即都跟"指"有关。细分不是科学研究的目的,科学研究的目的是追求单纯。

1.3.2 意义

本书通过对三个虚词研究案例进行梳理,证明古汉语虚词研究必须摆脱印欧语眼光才能取得实质性进展。学习西方语言学理论和方法是必要的,但是我们认为不能迷信西方语言学理论和方法,因为这些理论和方法往往是在印欧语基础上概括和总结出的,未必适用于汉语,尤其是古汉语虚词研究。虽然"它山之石可以攻玉",但是同时也要保持清醒的头脑,意识到并不只是"外来的和尚会念经",中国学者也要立足汉语语法自身的特点,在总结汉语语法自身规律的同时,为世界语言学理论作出自己的贡献。总之,本书以选取的三个古汉语虚词"之""者""而"为例,说明古汉语虚词研究不仅要摆脱训诂学的影响,更要摆脱印欧语眼光的影响,使古汉语虚词研究立足于汉语自身的特点,只有这样,才能促进古汉语虚词研究向纵深发展。摆脱印欧语眼光,主要是摆脱它的词类观念和词类系统,要借鉴的是西方现代语言学研究的方法。

2 虚词"之"

2.1 "之"字以往研究

《古汉语常用字字典》中提到"之"有四个用法：1. 表示"到……去"。如《孟子·告子下》："宋牼将之楚，孟子遇于石丘。"（宋牼、孟子：人名。石丘：地名。）2. 第三人称代词，他、她、它（们）。如《汉书·高帝纪》："贤士大夫有肯从我游者，吾能尊显之。"3. 指示代词。这、此。如《诗经·周南·桃夭》："之子于归。"（这个女子出嫁。）4. 相当于现代汉语助词"的"，放在定语和中心语之间。如《诗经·召南·羔羊》："羔羊之皮。"有时放在主语和谓语之间，取消句子的独立性。如《左传·僖公四年》："不虞君之涉吾地也。"（虞：料想。涉：进入。）本章要讨论的"之"是"之"的上述第四个用法，更准确地讲就是所谓的"放在主语和谓语之间，取消句子的独立性"的"之"。本章把这种含有"之"字的结构（如"君之涉吾地"）称为"'之'字结构"。

2 虚词"之"

关于"之"字结构中的"之"的词性归属，我们看到了三种不同的观点：1. 助词，如《古汉语常用字字典》。2. 介词。王力（1980：393）指出，在主语和谓语中间插入介词"之"字，可以使它变成名词性仂语。3. 连词或副词性连词。邓盾（2015）指出，何乐士就认为"之"是一个副词性连词。

根据完权、沈家煊（2009），关于"之"字结构中"之"的功能，前人有五种不同的观点，分别是："三化"说、粘连说、定语标记说、语气说和文体说、高可及性说等。加上邓盾（2015）的引句词说，至少可以看到六种关于"之"字功能的不同观点。

2.1.1 "三化"说

"三化"指的是词组化、名词化和指称化。吕叔湘（1948/1982：84）和王力（1980：393）都认为，"之"的作用是化句子为词组（仂语），取消句子的独立性。朱德熙（1983）认为，"之"字的作用是使谓词性的主谓结构转化为名词性的偏正结构，"之"是一个名词化标记。王力（1989：232）否定原来的词组化说，转而认同名词化说。宋绍年（1998）和张雁（2001）认为，"之"是自指化的形式标记，"之"字结构是自指化的主谓结构。李佐丰（2004：265）也采用指称化的说法。总之，持"三化"说的学者都认为"之"的功能就是使一个谓词性的主谓词组转化为一个名词性的偏正词组。

2.1.2 粘连说

不少反对名词化说的学者（何乐士1989/2004，刘宋川、刘子瑜2006，宋文辉2006）认为，"之"字结构仍然是动词性的主谓结构，"之"只是起把"主"和"谓"粘连起来的作用。有人拿下面的例（1）作为例子来证明"之"字结构仍然是动词性的主谓结构，认为"之"字结构可以充当主句前的从句，而从句是动词性的。

（1）若事之捷，孙叔为无谋矣。不捷，参之肉将在晋军，可得食乎？（《左传·宣公十二年》）

粘连说也可以说就是邓盾（2015）所谓的"句子"说。邓盾认为"句子"说的主要代表是何乐士（1989/2004），因为何乐士（1989/2004：78）认为，"之"使句子变成名词性短语不符合汉语的实际，也不能包括相当一部分在语段中并列成句或独立成句、在复句中做从句的例子，它们并不是名词性质。

2.1.3 定语标记说

余霭芹（1998）认为，"之"字是定语标记，并且认为只有"NP之VP"里的"之"才是真正的定语标记，而中心语为NP的定中结构（如"王之诸臣""侮夺人之君""圣贤之君"等）里的"之"还可以算作指示词。刘宋川、刘子瑜（2006）虽然持粘连说，但是他们认为"之"字结构是从"定语+之+中心语"结构演变而来的。孙洪伟（2008）基本同意刘宋川、刘子瑜（2006）的观点，并给出了三条证据：1."之"字结构（NP 之 VP）与"定语+之+中心语"结构（NP 之 NP）有相同的结构格式；2. 从产生的年代看，"定语+之+中心语"结构产生于"之"字结构之前；3. 战国晚期之前的"之"字结构和"定语+之+中心语"结构中的"之"字前的成分都不能是人称代词（有少数反例）。

2.1.4 语气说和文体说

《马氏文通》说"之"有一种"缓其辞气"的表达作用（马建忠 1898/1983：248）。何乐士（1989）又说"之"字连接主语和谓语的同时还有"强调"作用。刘宋川、刘子瑜（2006）认为，"之"字除了起连接作用还起协调音节的作用，使句子节奏具有对称性和整饬性（前后语段的音节数相等或奇偶对应）。王洪君（1987）主要讨论在先秦十分常见的"之"字结构到中古逐渐消失的变化过程，认为"之"字结构和主谓结构是文体上的差别。例如：

(2) a.（刘邦）曰："……所以遣将守关者，备他盗之出入与非常也。"（《史记·项羽本纪》）

> b.（樊哙）曰："……故遣将守关者，备他盗出入与非常也。"（同上）

王洪君认为，刘邦文雅，用的是"之"字结构，樊哙粗犷，用的是主谓结构，特别是汉代以后用"之"是表现典雅风格。

2.1.5 高可及性说

洪波（2008）指出，"之"字的功能与其源自指示代词有很大的关系，根据语法化的渐变性和语义滞留原理，"之"还带有"指示词的痕迹"。洪文又具体说，"之"字结构相对于主谓结构是"可及性较高"的结构，"之"是一个"较高可及性的标记"。洪波实际上是用信息的"已知/未知"来说明"可及性"的高低：已知信息的可及性高，倾向于用"之"字结构；未知信息的可及性低，倾向于用主谓结构。洪波用"知"和"闻"的宾语来证明其观点，即"知"倾向于选择"之"字结构而"闻"倾向于选择主谓结构。李佐丰（1983）最先指出这一点，洪波又加上统计数字。例如①：

---

① 例（3）表面看起来好像没有"之"字，实际上"之"包含在"其"字之中，"其"相当于"代词+之"。当"之"字短语前面的主语不用名词而要用代词指代时，便用"其"，从而构成"其"字短语（李佐丰 2004：266）。

(3) 盆成括见杀，门人问曰："夫子何以知其将见杀?"(《孟子·尽心下》)
(4) 里克谏曰："……且臣闻皋落氏将战，君其舍之。"(《左传·闵公二年》)

洪文的解释是：我知道的事情，你很可能也知道，属于高可及性信息，所以加"之"；我听说的事情，你很可能没听说过，属于低可及性信息，所以不加"之"。

2.1.6 引句词说

邓盾（2015）是在生成语法的理论框架里对"之"进行的研究。他认为"之"字结构是一个带引句词（complementizer）的句子，认为"之"字结构在句法上经过重新分析变成了一个名词性短语，即一个DP。具体机制如（5）所示[①]：

---

① DP、D′、CP、C′等是生成语法的术语。DP（determiner phrase）叫作限定词短语。生成语法认为限定词短语是名词性的，其核心是限定词（determiner），名词短语是它的补足语（complement），D′是D的初次映射，DP是D的最大映射。生成语法认为所有镶嵌的小句，不管有没有标句词（complementizer），都是CP。C′是C（complementizer）的初次映射，CP是C的最大映射。

（5）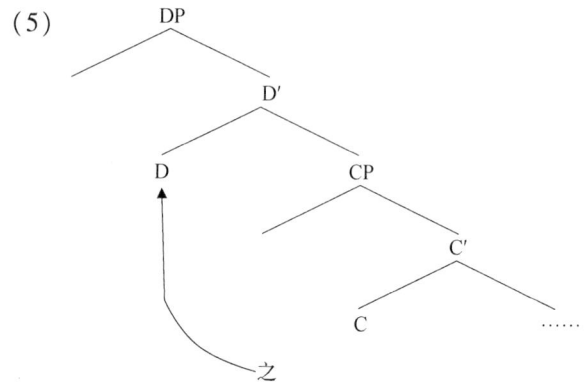

CP的核心词，即处于C的"之"，进行核心词移位（head movement），上移到D的位置。因为"之"的后缀性质，"之"字结构中"之"前成分（邓盾称之为"主之谓"的"主语"）需要随之上移到DP限定语位置为"之"提供依附，这样就得到了表层的"之"字结构。邓盾认为把"之"处理为引句词，既可以涵盖"名词短语"观点（即"之"字结构具有名词性）和"句子"观点（即"之"字结构具有谓词性）的合理之处，又可以避免两者所遇到的问题。引句词可以引导主语从句和宾语从句，而做主、宾语是"名词短语"观点的主要事实依据，因此引句词说可以解释"名词短语"观点据以认为"之"字结构是一个名词性成分的事实。引句词同时也可以引导复句里的从句，这解释了"名词短语"观点不能解释的"之"字结构具有谓词性分布的事实。

2.2 "之"字研究评述

2.2.1 "三化"说存在的问题

从张世禄（1959）起不断有人指出，古代汉语中句子的主语和宾语并非一定要由"之"字结构充当，去掉"之"字的主谓结构同样能充当。例如：

(6) a. 民之望之，若大旱之望雨也。(《孟子·滕文公下》)
    b. 民望之，若大旱之望云霓也。(《孟子·梁惠王下》)
(7) a. 是故愿大王之孰计之。(《史记·张仪列传》)
    b. 是故愿大王孰计之。(《史记·苏秦列传》)

此外，在同一段话里，"之"字结构和主谓结构可以前后并列。例如：

(8) 戎之生心，民慢其政，国之患也。(《左传·庄公二十八年》)

(9) 人之爱人，求利之也。今吾子爱人则以政，犹未能操刀而使割也，其伤实多。(《左传·襄公三十一年》)

既然去掉"之"的主谓结构本来就能作为词组充当主宾语、指称语，那么又何必要词组化、名词化、指称化呢？如果承认"化"之前是句子、是动词性的或陈述性的，"化"之后是词组、是名词性的或指称性的，那么词组和句子、名词短语和动词短语、指称语和陈述语怎么能够并列在一起呢？并列的两个成分应该性质相同才是。

2.2.2 粘连说存在的问题

前文指出，粘连说也可以说是"句子"说，即认为"之"字结构还是动词性的、陈述性的、小句性的。邓盾（2015）指出，王洪君（1987）、何乐士（2004）和孙洪伟（2008）都列出了"之"字结构可以有四种不同的分布：做主语、做谓语、做宾语和单独成句。但是，没有"之"字，主语和谓语不是也粘连在一起吗？例（6）中"民望之"的内部粘连程度好像比"民之望之"还要高。说"之"字结构是动词性结构也很难成立，因为有一个无法否认的重要事实，那就是"之"字结构很少充当句子的谓语，做主宾语才是它的一般用法。

有人说"之"字结构经常充当主句前的从句,而从句是动词性的。其实,主句前的从句既可以看作动词性的小句也可以看作名词性的话题。在很多语言中,条件从句和话题共用一个标记(Haiman 1978),上古汉语也有这种情形(Yang & Kim 2007)。张敏(2001)也认为上古汉语是话题相当显著的语言,位于整个句子头上的小句往往就是话题。拿下面的例(10)[同上文例(1)]来说:

(10) 若事之捷,孙叔为无谋矣。不捷,参之肉将在晋军,可得食乎?(《左传·宣公十二年》)

正方称"若事之捷"和"(若事)不捷"并举,后者是动词性的小句,可见前者也是动词性的。但是反方同样可以说"不捷"是个名词性的话题(大主语),它和"事之捷"并列就是证明,此外"不捷"后可以加"者"说成"不捷者"。这样争论下去会永无止境,因此"之"字结构经常充当从句不足以证明它是动词性的。

2.2.3 定语标记说存在的问题

针对余霭芹(1998)的定语标记说,张敏的评论是:"NP 之 VP"出现在战国金文、《尚书》和《诗经》中,即春秋战国时代已经存在,在这种"之"产生并开始广泛运用的时代，说常例的定语标记"之"反而未曾成熟，还可以视为指示词，这是"颇为费解的"。沈家煊、完权（2009）赞同张敏（2001）用［A+（SM+B）］和［(A+SM)+B］这两种结构来测试"之"是指示代词还是虚化了的定语标记：

(11) 取鸡、狗、马之血来。(《史记·平原君列传》)

*取鸡之、狗之、马之血来。(拿鸡的、狗的、马的血来。)

(12) 然则怪迂、阿谀、苟合之徒自此兴。(《史记·封禅书》)

*然则怪迂之、阿谀之、苟合之徒自此兴。(那么怪迂的、阿谀的、苟合的一般人从此兴起。)

测试结果表明古汉语里的定语标记 SM"之"还是个指代词，而现代汉语里的 SM"的"已经是一个定语标记。拿这个方法来测试"NP 之 VP"里的"之"：

(13) 岂若匹夫匹妇之为谅也。(《论语·宪问》)

*岂若匹夫之、匹妇之为谅也。

(14) 孔子之死,五帝三王之死也。(《论衡·书虚》)
    *孔子之死,五帝之、三王之死也。
(15) 各言其土地人物之美。(《世说新语·言语》)
    *各言其土地之、人物之美。

根据以上测试,"NP 之 VP"中的"之"只能说还是一个指代词。

2.2.4 语气说和语体说存在的问题

《马氏文通》所谓的"舒缓"语气和何乐士所谓的"强调"语气,如果说二者并不矛盾,那么舒缓的到底是什么,强调的又到底是什么呢?而对于刘宋川、刘子瑜(2006)所谓的"之"使句子节奏具有对称性和整饬性,就有很多例子不好这样解释,更有不少违背的情形。例如,下面几句有"之"后反而使前后语段的音节数不能奇偶对应:

(16) 德之不修,学之不讲,闻义不能徙,不善不能改,是吾忧也。(《论语·述而》)
(17) 丹朱之不肖,舜之子亦不肖。(《孟子·万章上》)
(18) 夫众之为福也大,其为祸也亦大。(《吕氏春秋·决胜》)

例(16)—(18)实际上有无"之"字,前后语段在音节数上都没有奇偶对应性。例(16)中"德之不修,学之不讲"都是四音节(没有"之"时都是三音节),而"闻义不能徙,不善不能改"都是五音节,不存在奇偶对应性问题。例(17)和例(18)也是如此。对于王洪君(1987)所谓的有"之"表文雅,无"之"表粗犷,光凭前文例(2)还缺乏说服力,而且上面的例(6)—(9)和例(16)—(18)中两种结构互文和并列的现象就无法用文体差异来解释。

2.2.5 洪波(2008)的贡献和问题

2.2.5.1 洪波(2008)的贡献

我们认为洪波(2008)的贡献主要有两点:一是他重申了"之"字结构中的"之"源于它的指示代词用法,尽管早期已经有学者提到二者之间的关系,如王力(1980)认为上古汉语中定语与中心语之间的"之"来源于指示代词,且同时认为"之"字结构中的"之"与定中结构中的"之"是同一个"之";二是他运用"可及性"概念来分析"之"字结构,认为"之"字结构相对于主谓结构是"可及性较高"的结构,"之"是一个"较高可及性的标记"。

2.2.5.2 洪波(2008)的问题

洪波(2008)的主要问题是他没有把"可及性高低"与"已知/未知"区分开来,也没有把"高可及性"与"提高可及性"区分开来。他实际上是用"已知/未知"来说明"可及性"的高低:已知信息的可及性高,倾向于用"之"字结构;未知信息可及性低,倾向于用主谓结构。但是这样的解释存在两个问题:

第一,遇到两种结构并列的现象往往解释不通。例如:

(19) 禄之去公室五世矣,政逮于大夫四世矣,故夫三桓之子孙微矣。(《论语·季氏》)

"禄之去公室"和"政逮于大夫"都是话题,都是已知信息,怎么会一个加"之"而另一个不加呢?洪文说这是文献流传整理过程中失真导致的。问题是这种并列的例子不是少数几个而是大量的,如上面的例(6)—(9),难道都能归因于文献失真?

第二,"知"和"闻"的问题,如前面的例(3)和例(4)。因为"知"倾向于选择"之"字结构,而"闻"倾向于选择主谓结构,因此洪波(2008)的解释是:我知道的事情,你很可能也知道,属于高可及性信息,所以加"之";我听说的事情,你很可能没听说过,属于低可及性信息,所以不加"之"。正如沈家煊、完权(2009)所言,这种解释正好跟一般人的认识相反,一般人的认识是:我内心知道的事情,你很可能不知

道;我从外面听说的事情,你很可能也听说了。例如:

(20) 这件事只有他知道,别人不知道。
(21) ?这件事只有他听说,别人没听说。

只有在事情不属实的情形下才会说例(21)这样的话。这也是李佐丰(1983)的感觉,他说知道的事情在"主观意识之中",而听说的事情则是"外界存在的"。

2.2.6 邓盾(2015)的贡献和问题

2.2.6.1 邓盾(2015)的贡献

邓盾(2015)的贡献主要是努力对所有"之"字结构作出一个统一的解释。这一点是非常值得肯定的,因为"简洁性"是评判一个理论优劣的主要标准之一(另一个标准是"自洽")(沈家煊2016a:4)。但是邓盾(2015)对"之"字结构作出统一解释的前提是承认有两类不同的"之"字结构,即名词性"之"字结构和谓词性"之"字结构,因为他根据前人研究得出"之"字结构有如下分布:

1. 做主、宾语(包括动词和介词宾语)。
2. 做判断句谓语。
3. 做定语。

4. 做从句。
5. 成句（包括单独成句和做复句的主语）。

他认为"之"字结构在句法上是一个带引句词的从句，也即形式句法里所谓的 CP。结构里的功能性虚词"之"作为引句词是该结构的核心，位于 C 的位置。以《孟子·梁惠王下》里的"吾王之好田猎（夫何使我至于此极也）"为例，可以用下面（22）中的句法树形图表示①：

(22)
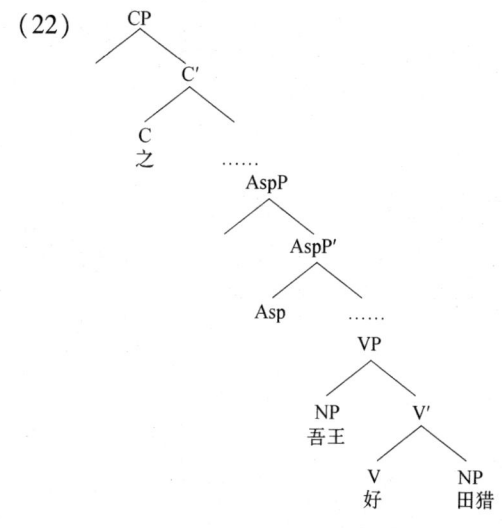

---

① AspP（Aspect Phrase）是体短语，它是功能范畴体（Aspect）的最大映射。生成语法认为 AspP′ 是 Asp 的初级映射，其补足语为 VP，Asp 的最大映射是 AspP。

邓盾实际上把图（22）分析为由"之"字引导的从句，这样就可以解释"之"字结构可以做从句和做复句的主语这两种分布。如果"之"字结构要独立成句，就必须像图（5）那样进行核心词移位，从而使一个谓词性的小句重新分析为一个名词性的DP。这样既可以解释"之"字结构的其他分布，也可以解释"之"字结构独立成句的分布，因为上古汉语中的名词性成分可以独立成句表示感叹。

2.2.6.2　邓盾（2015）的问题

邓盾（2015）对"之"字结构的统一解释类似于生成学派对现代汉语"的"字研究的DP中心说和CP说（完权2018：122—126）。比如把"这本书的出版"看作"的"引导的从句，"的"处于C的位置，为了满足做主宾语的需要，"的"再移位到D的位置，构成一个名词性的DP。由于牵涉形式学派和功能学派之争，因此我们先不说这种移位的动因到底是什么，仅就引句词通常的分布来看，把"之"看作引句词也是有问题的。

尽管邓盾用其他语言的引句词通常来源于指示词来为自己的引句词说辩护，但是引句词顾名思义是引导句子的，通常位于小句的开头（也可能是末尾），而上古汉语"之"字结构中"之"如果是引句词，却位于句中，即位于主谓之间就很难解释了。

2 虚词"之"

2.3 "之"字新解

2.3.1 "之"是一个"自指标记"

朱德熙（1983）在说"之"是一个"名词化标记"的同时，还说这个名词化标记是"自指"性质的，所谓的"自指"就是指称动作本身，与"转指"（指称与动作相关的事物）相对。"指称化"或"自指化"的说法有问题，前面已有说明（也可以参看下一章），但是说"之"是一个"自指标记"没有问题。

"指称"是相对于"陈述"而言的，我们指称一个事物，陈述一个事件。然而我们除了指称一个个事物，还需要指称一个个事件，如"这次入侵""那次破坏"等。指称一个事件就是将事件看作一个抽象的事物，是将一个内部可以细分的过程当作一个不再细分的整体来看待。例如"郑国入侵蔡国"，陈述这个事件和指称这个事件的差别如下图所示（圆圈和方块分别代表郑国和蔡国，连线代表入侵过程）：

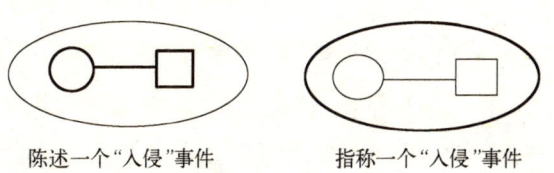

陈述一个"入侵"事件　　　　指称一个"入侵"事件

粗黑线表示凸显,陈述这个事件时凸显的是入侵的过程,指称这个事件是将入侵视为一个抽象的事物,凸显的是一个整体。

"之"字结构和主谓结构的区别在于:主谓结构既可以用来陈述一个事件,如"某年某月,郑侵蔡",也可以用来指称一个事件,如"郑侵蔡,是吾忧也""吾未闻郑侵蔡也"。而"之"字结构基本上只能用来指称一个事件。实际情况是一种不完全对应的扭曲关系:

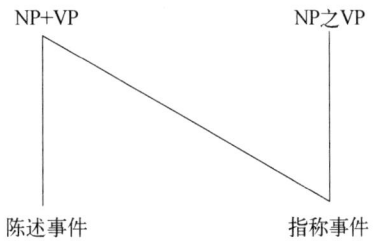

主谓结构既可以是陈述语也可以是指称语,而"之"字结构基本上只能是指称语。所以我们可以说"之"字的作用是"去陈述性",但是不能说它的作用是"指称化"或"自指化",因为主谓结构本来就可以用作指称语。将"之"称为"自指标记"不成问题,主谓结构也能自指,只是没有加标记而已。此前已有人(如宋作胤 1964)指出,"之"是指代词的虚化,可以指示事物,也可以指示活动或性状,但是没有说明为什么要加这个标记,以及什么情形下加这个标记。姚振武(1995)说"之"是主谓结构处于非独立的、指称的状态下的一个非强制性的形式标记。此说不错,但是他也没有说明为什么要加这个标记。

2.3.2 "之"字结构是一种"参照体—目标"结构

说话人想要指称的事物是一个指称目标,要帮助听话人识别这个目标,即与目标建立起心理上的联系,说话人往往要借助一个参照体。例如:

(23) 树上的鸟巢

这个"NP1 的 NP2"结构是以 NP1"树上"为参照体来识别 NP2 代表的目标"鸟巢"的。借助参照体来识别目标需遵循一定的规律,即参照体一般是相对固定的和比较显眼的。如树固定而鸟巢不固定,树比鸟巢大和显眼,因此一般听不到"鸟巢的树上"这种说法。

"NP 的 VP"格式,如"敌人的破坏"和"普通话的推广",也是一种"参照体—目标"构式,只是要指称或识别的目标不是一个事物而是一个事件。例如要指称或识别一个破坏事件,就先说出破坏者"敌人"作为参照体。事件可以被"视为"抽象的事物,所以"NP 的 VP"和"NP1 的 NP2"没有本质的区别,都是"参照体—目标"构式。沈家煊、王冬梅（2000）论证，"NP 的 VP"的实例也要符合参照体相对凸显的条件。

古代汉语里的"之"字结构，也就是"NP 之 VP"，同样是"参照体—目标"构式。"郑之侵蔡"就是用入侵者"郑"作为参照体来识别"侵蔡"这个事件。

2.3.3 "之"字的作用：提高"指别度"

2.3.3.1 指别度和可及度

沈家煊、完权（2009）认为"可及性"有程度差异，因而把它改称为"可及度"，并给出如下定义：

> （24）说话人推测，听话人听到一个指称语后，从头脑记忆中或周围环境中搜索、找出目标事物或事件的难易程度。容易找出的可及度高，不容易找出的可及度低。

在这个定义中，"说话人推测"这句话很重要。在通常情况下，可及度的高低由搜索目标的客观状态决定，例如周围环境中体大的比体小的可及度高；头脑记忆中近期储存的比很久前储存的可及度高；新搜索的目标跟刚找出的目标，相似的比不相似的可及度高；找出过的目标再搜索一次时可及度较高。但是可及度的高低最终是由说话人主观认定的。跟"可及度"相对的是

"指别度",定义如下:

(25) 说话人觉得,他提供的指称词语指示听话人从头脑记忆中或周围环境中搜索、找出目标事物或事件的指示强度。指示强度高的指别度高,指示强度低的指别度低。

在这个定义中,"说话人觉得"这句话也很重要。在通常情况下,指别度的高低由指称语的客观状态决定,例如带指示词的比不带指示词的指别度高,代词比一般名词的指别度高,限定词语多的比少的指别度高,重读的比不重读的指别度高。但是指别度的高低最终也是由说话人主观认定的。

指别度和可及度的联系是:指称目标对听话人来说可及度低,说话人所用指称语的指别度应该高;指称目标对听话人来说可及度高,说话人所用指称语的指别度可以低。要提高指称目标的可及度就要提高指称词语的指别度,提高了指称词语的指别度也就提高了指称目标的可及度。举例来说:

(26) a. 把杯子拿走!
　　　b. 把这只杯子拿走!

(27) a.（光口头说）把这只杯子拿走！
　　 b.（还用手指）把这只杯子拿走！

例（26）中，说话人觉得要人拿走的那只杯子对听话人来说可及度高，就只需说 a，无须说 b；相反，说话人觉得那只杯子对听话人来说可及度低，就需要说 b，不宜说 a。作为指称形式，b"这只杯子"的指别度高于 a"杯子"。同样，例（27）中，说话人觉得要人拿走的那只杯子对听话人来说可及度高，就只需说 a，无须像 b 那样加上手指；相反，说话人觉得那只杯子对听话人来说可及度低，就需要像 b 那样加上手指。作为指称形式，b"这只杯子"加上手指（身势语）的指别度高于 a 光说"这只杯子"。

区分可及度和指别度是为了将说话人和听话人区别开来，将能指和所指区别开来：可及度是对听话人而言的，指别度是对说话人而言的；可及度是就指称目标（所指）而言的，指别度是就指称词语（能指）而言的。

2.3.3.2 "之"提高指别度

指示是一股力量，指引听话人寻找所指对象（Garcia 1975：65）。正如指示词"这"和手指起到提高指别度的作用，主谓结构加上"之"字也是起到提高指

2 虚词"之"

别度的作用。当说话人觉得主谓结构"NP+VP"所指称的事件可及度低时,就加上"之"来提高它的指别度。早有敖镜浩(1998)指出,"之"指示受话方注意前言后语并从中领会出和"之"相联系的对象。以例(28)为例来说:

(28) a. 民之望之,若大旱之望雨也。[同例(6)]
　　　b. 民望之,若大旱之望云霓也。

说"之"有"缓其辞气"的作用,又说"之"有"强调"作用,两者到底有什么联系呢?用"提高指别度"就很好解释。当说话人推测指称语"民望之"的所指目标不容易被听话人找出(可及度低)时,就加上"之"来提高它的指别度。好比我要让你找到那个鸟巢,光说"树上的鸟巢"怕你找不到,我就还用手指向鸟巢。这就是所谓"之"的"强调"作用。说话人在"民"后加"之"的同时也延迟了"望之"的说出,给了听话人充足的时间来确认参照体"民",等他确认那个参照体后再引导他找到目标"望之"。好比我先等你把目光移到了树上,再把你的目光引向鸟巢。这就是所谓"缓其辞气"的作用。

说"之"的作用是提高指别度,这正好跟"之"

字的原初性质和功能相吻合,也便于说明"之"字结构单独成句和负载感叹语气。① 例如:

(29) 子不我思,岂无他人?狂童之狂也且。(《诗经·郑风·褰裳》)
(30) 胜闻之,曰:"令尹之狂也!得死乃非我!"(《左传·哀公十六年》)
(31) 妈妈那个挖苦我啊!(老舍《女店员》)
(32) 我这个乐啊!(侯宝林《夜行记》)

2.3.3.3 容易混淆的地方

不要把"高可及度/指别度"和"提高可及度/指别度"这两组概念混淆。"高可及度/指别度"是"提高可及度/指别度"的结果,在提高之前,目标和指称词语应为"低可及度/指别度"。也不要把"可及度高低"和信息的"已知/未知"混同起来,已知信息不一定可及度高,未知信息不一定可及度低。例如下面两例中,"之"字结构和主谓结构都作"知"的宾语②:

---

① 洪波(2008)也曾拿上古汉语和现代北京话的对比来说明感叹和指示的联系。
② 例(33)中的"其"相当于"代词+之",参见本书2.1.5节脚注①。

2 虚词"之"

(33) 盆成括仕于齐,孟子曰:"死矣盆成括!"盆成括见杀,门人问曰:"夫子何以知<u>其将见杀</u>?"(《孟子·尽心下》)[同例(3)]

(34) 吴,周之胄裔也,而弃在海滨,不与姬通。今而始大,比于诸华,光又甚文,将自同于先王。不知<u>天将以为虐</u>乎,使翦丧吴国而封大异姓乎?其抑亦将卒以祚吴乎?其终不远矣。(《左传·昭公三十年》)

"盆成括见杀"对孟子来说是已知信息,但是门人认为它的可及度低,所以用"之"字结构来提高指别度。"天将以为虐"等尽管是未知信息,但是说话人认为它的可及度高,这里用的是反问句,等于说"这是显而易见的呀,你难道不知道?",所以用主谓结构。如何解释前面提到的例(19)呢?重引如下:

(19) <u>禄之去公室五世矣</u>,政逮于大夫四世矣,故夫三桓之子孙微矣。(《论语·季氏》)

前面说过,新搜索目标跟刚找出的目标如果相似就可及度高,这在心理学上叫作"斯特鲁效应"(Stroop effect)。心理学有一个经常提到的斯特鲁色词测验

(Stroop Color Word Test),即用红色笔写"绿"字,用绿色笔写"红"字,被试人念出字不受什么干扰,说出字的颜色受干扰,容易把"红"说成红色的,把"绿"说成绿色的,从而证明概念"红"激活时,同类概念"绿"也容易附带激活(Posner 1973:26)。如下图所示(沈家煊 2011:59):

斯特鲁色词测验
("红"字为绿色,"绿"字为红色)

例(19)中,该句先指称"禄去公室"这个事件,说话人推测这个事件的可及度低(尽管是已知信息),所以加"之"来提高指别度,接着又指称"政逮于大夫"这个事件,它跟前面刚说出的事件是平行的、同类的,说话人推测前面那个事件达及后面这个事件,因此可及度就不低了,所以不再加"之"。"提高指别度"是一个主观心理现象。如何解释上面提到的"知"和"闻"的区别呢?按照"'之'提高指别度"的观点,我知道的事情你不一定知道,"知"的宾语代表的事件可及度低,所以倾向加"之",而我听说的事情你很可能也已听说，"闻"的宾语代表的事件可及度高，所以倾向不加"之"。魏培泉（2000）发现，"见"的宾语如果指主语亲历目验的具体事件，通常用主谓结构；如果不是，通常用"之"字结构。"亲历目验的具体事件"可及度高，所以无须加"之"。例如：

（35）臣今**见王独立于庙朝**矣。（《战国策·秦策三》）
（36）**望翟黄乘轩骑驾**出。（《韩非子·外储说左下》）
（37）**遇宋桓司马将要而杀之**，微服而过宋。（《孟子·万章上》）
（38）王独不**见夫博者之用枭**邪？（《战国策·魏策三》）
（39）赵**见秦之伐楚**也，必北攻燕。（《战国策·燕策二》）

上面例（35）—（37）中"见""望"和"遇"的宾语都是"亲历目验的具体事件"，所以都使用无须加"之"的主谓结构，而例（38）和例（39）中"见"的宾语是含"之"的"之"字结构，它们通常是泛指或是无具体形象可见的事情，不然就是预期或拟想而尚未发生的事（魏培泉 2000）。

洪波（2008）还用统计表明，在"恐""惧""患"

"之""者""而"新解

"恶"的宾语位置上,基本上都是"之"字结构,主谓结构少见,而"愿"的宾语位置上正好相反,基本上都是主谓结构而"之"字结构少见。如下表所示①:

		恐	惧	患	恶	愿
《论语》	"之"字结构	0	0	2	3	0
《论语》	主谓结构	1	0	0	0	1
《左传》	"之"字结构	6	24	5	10	0
《左传》	主谓结构	0	1	0	0	1
《孟子》	"之"字结构	8	0	0	1	0
《孟子》	主谓结构	0	0	0	0	1

按照"'之'提高指别度"的观点,由于人的"趋利避害"心理,希望发生的事情跟人的心理距离近,可及度高,倾向不加"之";害怕发生的事情跟人的心理距离远,可及度低,倾向加"之"。②

---

① 原表中"之"字结构称作"之s",主谓结构称作"非'之s'"。
② 类似的情况是,"差点儿没摔倒"和"差一点儿摔倒了"意思一样,而"差点儿没考上"和"差一点儿考上了"意思相反。因为"摔倒"是不希望发生的事情,如果实际没有发生就加一个否定词来加强,所以"差点儿没摔倒"和"差点儿摔倒了"都表示"没摔倒",只是前者否定语气强一点儿;"考上"是希望发生的事情,如果实际没有发生则不用否定词加强,所以"差点没考上"和"差点考上了"意思相反(沈家煊 1999:77)。

2.3.4 更细致的分析

过去的研究大多是把文本中的例句孤立地罗列出来，有的加上数字统计，但是缺乏对例句出现的语境或上下文作细致的分析，拿来作对比的例子中"之"字结构和主谓结构也大多不是指同一个事件，不利于揭示"之"字的性质和功能。因此，沈家煊、完权（2009）为了使"'之'提高指别度"的观点更加具有说服力，从篇章着眼，从并列的功用形式、两个时代的同指形式、同一文献的同指形式、话语的复指和直指四个方面对"之"作出了更细致的分析。

2.3.4.1 并列形式

指称并列事件的两个词语形式，总的倾向是"之"字结构在前，主谓结构在后。其中的道理就是分析例（19）时说过的：新搜索的目标如果跟刚找出的目标相似就可及度高。除了前面提到的例（8）、（9）、（16）—（18）外，其他的例子还有：

(40) 尔之许我，我其以璧与珪，归俟尔命；尔不许我，我乃屏璧与珪。（《尚书·金縢》）

(41) 伯有闻郑人之盟己也，怒；闻子皮之甲不与攻己也，喜。（《左传·襄公三十年》）

(42) 君之视臣如手足，则臣视君如腹心。君之视

"之""者""而"新解

> 臣如犬马，则臣视君如国人。君之视臣如土芥，则臣视君如寇雠。(《孟子·离娄下》)
>
> (43) 子曰："政之不行也，教之不成也，爵禄不足劝也，刑罚不足耻也，故上不可以亵刑而轻爵。"(《礼记·缁衣》)
>
> (44) 战势不过奇正，奇正之变，不可胜穷也。奇正相生，如循环之无端，孰能穷之？(《孙子兵法·势篇》)
>
> (45) 今之于古也，犹古之于后世也。(《吕氏春秋·长见》)
>
> (46) 仁人之得饴，以养疾待老也；跖与企足得饴，以开闭取楗也。(《吕氏春秋·异用》)

看似反例的不多，主要在两种句子，一是"犹""若"比拟句［例 (47)］，一是肯定否定对举句［例 (48)］：

> (47) 民归之，由水之就下。(《孟子·梁惠王上》)
>
> (48) 皆患其身不贵于国也，而不患其主之不贵于天下也；皆患其家之不富也，而不患其国之不大也。(《吕氏春秋·务本》)

这两种句子其实不是真正的并列句，真正的并列句

2 虚词"之"

没有语义重心的偏向，而这里有语义重心，句子的语义重心一般落在后项上。

(49) 人君赏罚不同日，天之怒喜不殊时。(《论衡·雷虚》)①

这一例从篇章标题②和内容看还是有语义重心的，重心在"天"而不在"人"。大西克也（1994）指出先秦文献中主谓结构充当宾语比充当主语更倾向加"之"，例如"子贡曰：'我不欲人之加诸我也，吾亦欲无加诸人。'（《论语·公冶长》）"和"子曰：'后生可畏，焉知来者之不如今也？'（《论语·子罕》）"中都是"之"字结构做宾语。③ 这是因为句子的语义重心一般在靠近句子末尾的位置上。所谓"语义重心"，本质上是说话

---

① 例（49）还跟韵律有关，"人君"为双音节，而"天"为单音节，为四字格的原因。
② 例（49）出自《论衡·雷虚》。本篇中，王充驳斥了把打雷说成上天发怒，有意惩罚暗中犯有过错的人这一毫无事实根据的说法，故篇名叫"雷虚"。从篇章标题可以看出，文章主题是论"雷"，通过"人"与"天"的对比以凸显"天之怒喜"与"人君赏罚"不同，故语义重心在后，也非真正的并列。
③ 大西克也（1994）还指出，《论语》中"之"字出现频率高达77%，虽不能说主谓短语当宾语一定要用"之"，但是应该承认在大多数情况下使用"之"字为常。

人有意要对听话人强调的信息（包括指称信息），需要提高它的可及度。（关于语义重心和加"之"的关系，还见下文"话语的复指和直指"部分）总之，真正的并列形式反例非常少，倾向性十分明显。

2.3.4.2 两个时代的同指形式

指称同一个事件，前后两个时代的词语形式，总的倾向是"之"字结构在前，主谓结构在后。下面的例子多为《左传》和《史记》的比照，选取的都是指称同一事件的：

（50）a. 秦穆之不为盟主也，宜哉！（《左传·文公六年》）

　　　b. 秦缪公……不为诸侯盟主，亦宜哉！（《史记·秦本纪》）

（51）a. 楚子问鼎之大小、轻重焉。（《左传·宣公三年》）

　　　b. 楚王问鼎小大轻重。（《史记·楚世家》）

（52）a. 夫差！而忘越王之杀而父乎？（《左传·定公十四年》）

　　　b. 阖庐使立太子夫差，谓曰："尔而忘句践杀汝父乎？"（《史记·吴太伯世家》）

（53）a. 君子是以知秦之不复东征也。（《左传·文

公六年》)

b. 是以知秦不能复东征也。(《史记·秦本纪》)

(54) a. 惠公之在梁也,梁伯妻之。(《左传·僖公十七年》)

b. 初,惠公亡在梁,梁伯以其女妻之。(《史记·晋世家》)

(55) a. 寡君之使婢子侍执巾栉,以固子也。(《左传·僖公二十二年》)

b. 秦使婢子侍,以固子之心。(《史记·晋世家》)

(56) a. 丕郑之如秦也,言于秦伯曰:……(《左传·僖公十年》)

b. 邳郑使秦,闻里克诛,乃说秦缪公曰:……(《史记·晋世家》)

(57) a. 父母之爱子,则为之计深远。(《战国策·赵策》)

b. 父母爱子,则为之计深远。(《史记·赵世家》)

还没有发现相反的例证,其中的道理有二:一是达及过的目标再搜索一次时可及度较高。作者司马迁认为所指的事件因为早先的文献中提到过,所以无须再加

"之"。一是"之"提高指别度的功能随时间的流逝而逐渐磨损,作者觉得加了也白加。这两个解释并不矛盾而是相容的。

2.3.4.3 同一文献的同指形式

指称同一个事件,在同一部文献里的两个词语形式,用"之"字结构还是主谓结构的情况复杂一些,但是提高指别度仍然是决定性因素,可分三种情形分述如下。

第一种情形是可以判定记述先后的:

(58) a. 国之将兴,明神降之,监其德也。将亡,神又降之,观其恶也。(《左传·庄公三十二年》)

b. 国将兴,听于民。将亡,听于神。(同上)

在《庄公三十二年》中,a 记述在先而 b 记述在后。

(59) a. 善人之赏,而暴人之罚,则家必治矣。(《墨子·尚同下》)

b. 善人赏而暴人罚,则国必治矣。(同上)

c. 善人赏而暴人罚,天下必治矣。(同上)

《尚同下》在"同一天下之义"的话题下依次讲

2　虚词"之"

a 治家、b 治国、c 治天下。

(60) a.（刘邦）曰："吾入关，秋毫不敢有所近，藉吏民，封府库，而待将军。所以遣将守关者，备<u>他盗之出入</u>与非常也。"（《史记·项羽本纪》）

b.（樊哙）曰："……今沛公先破秦入咸阳，毫毛不敢有所近，封闭宫室，还军霸上，以待大王来。故遣将守关者，备<u>他盗出入</u>与非常也。"（同上）

在《项羽本纪》中，先是 a 记述刘邦约见项伯，要项伯去劝说项羽，然后 b 记述的是鸿门宴上，项庄舞剑，意在沛公，樊哙进来对项羽说了同样的话。①

(61) a. 是故愿大王之孰计之。（《史记·张仪列传》）

b. 是故愿大王孰计之。（《史记·苏秦列传》）

---

① 例（60）中用不用"之"根本不是文雅和粗俗的区别，而是它们在同一篇文章中出现的先后顺序不同，从而导致其指别度有差异。

拿《张仪列传》和《苏秦列传》比，看不出名堂来，而比较同一列传里的先后两种表达，就可以看出原因所在：

(62) a. 是故愿大王之孰计之。(《史记·张仪列传》)
　　 b. 愿大王孰计之。(同上)

《张仪列传》中，张仪说楚怀王，一段一段地讲道理，用"愿大王之孰计之"结尾的一段在前，用"愿大王孰计之"结尾的一段在后。

第二种情形是不好判定记述先后的：

(63) a. 昔尧之治天下也，使天下欣欣焉人乐其性。(《庄子·在宥》)
　　 b. 昔尧治天下，吾子立为诸侯。(《庄子·天地》)

这两句不好比较记述的先后。但是《在宥》篇"昔尧之治天下也"是首次提到"尧"和"尧治天下"，作为新的话题是后文陈述的对象，所以要提高"尧治天下"的指别度。《天地》篇在出现"昔尧治天下"前已经有十次提到"尧",其中包括"尧治天下",可见"尧"和"尧治天下"的可及度都已经很高了。

(64) a. 而抉吾眼县(悬)吴东门之上,以观越寇之入灭吴也。(《史记·伍子胥列传》)
b. 必取吾眼置吴东门,以观越兵入也。(《史记·越王勾践世家》)

这两句也不好比较记述的先后。但是《伍子胥列传》里伍子胥是主要记述对象,是主角,主角说的话很重要,是他一生故事的一部分,要详细记载,也需要提高所指事件"越寇入灭吴"的指别度。《越王勾践世家》里伍子胥不是主要记述对象,不是主角,非主角说的话记载时不必太详细太突出。司马迁在下笔的时候会认为关于伍子胥的完整故事读者可以从《伍子胥列传》中获得,所以就加以简化,将"悬吴东门之上"简化为"置吴东门",将"越寇之入灭吴"简化为"越兵入"。

(65) a. 奢曰:"尚之为人,廉,……必至,不顾其死。胥之为人,智而好谋,勇而矜功,知来必死,必不来。"(《史记·楚世家》)
b. 伍奢曰:"尚为人仁,呼必来,员为人刚

庆忍诟,……其势必不来。"(《史记·伍子胥列传》)

a 和 b 都是记述伍奢对楚平王的解说。伍奢既不是《楚世家》的主角也不是《伍子胥列传》的主角,好像也难以判定司马迁写《楚世家》在先还是写《伍子胥列传》在先。不过《伍子胥列传》一上来就提到楚庄王和楚平王而不作任何交代,这表明作者认为读者对楚王世家的情况已经了解,由此可以推断作者对楚王世家的记述在先,至少是记述的构思在先。

第三种情形是记述先后看似反例(很少见到),但是可以按道理作出解释:

(66) a. (沛公) 曰:"……愿伯具言臣之不敢倍(背) 德也。"(《史记·项羽本纪》)
b. 张良曰:"请往谓项伯,言沛公不敢背项王也。"(同上)

b 张良对沛公说的话在先,a 沛公对项伯说的话在后,记述先后也是如此,好像违背了规律,其实不然,因为说话的语境不一样。张良教沛公对项伯说"沛公不敢背项王",沛公听后不是问为什么要这样说,而是问

"君安与项伯有故",可见"沛公不敢背项王"这个说法在沛公意料之中,对沛公来说可及度是高的,所以不加"之"。而沛公对项伯说同样的话,对项伯而言很可能在意料之外,可及度低,所以加"之"。

2.3.4.4 话语的复指和直指

指称语的指示对象除了事物和事件还可以是话语自身,称作"话语指"。话语指应区分"话语复指"(anaphora)和"话语直指"(discourse deixis)(Lyons 1977:667,Fillmore 1997:61,Diessel 1999:100—103)。例如:

(67)她经常胃痛,胃痛就不吃东西。
(68)女儿:我又胃痛了。
　　妈妈:"胃痛"那你还吃冰激凌!

例(67)里后面的"胃痛"复指前面的"胃痛",是话语复指语,它的作用与其说是"指"不如说是"代",一般不能重读。例(68)里妈妈说的"胃痛"是直指或引述女儿说的"胃痛",是话语直指语,书写时加引号,口语要重读,后面还可以加"那"。话语直指语是要将听话人的注意力引向所指话语的意义(命题内容或言外之意),而不仅仅是起指代作用。说话人直指或引述一段话语还往往是为了对这段话语表达一种主观态度,如反对、讽刺等(上例是妈妈在反讽)。重读、加引号、加"那"都是为了引起听者、读者的注意,使其注意到所指话语的意义和说话人的主观态度。总之,话语直指语在语篇中是语义重心所在。下面的例子表明先秦汉语的指称语在指称话语自身时也倾向用"之"来提高指别度。

(69) 周颇曰:"固欲天下之从也,天下从,则秦利也。"路说应之曰:"然则公欲秦之利夫?"(《吕氏春秋·应言》)

此例中,"天下从"是话语复指语,只是指代前面的"天下之从",不是语义重心,所以是主谓结构,而"秦之利"是话语直指语,是路说引述周颇说的"秦利"并让周颇注意它的意义,同时表达自己对这种说法的反对态度,是语义重心,所以用"之"字结构。下面也是话语直指语用"之"字结构的例子:

(70) 人之言曰:"为君难,为臣不易。"如知为君之难也,不几乎一言而兴邦乎?(《论语·子路》)

(71) 王曰："寡人忧国爱民，固愿得士以治之。"
王斗曰："王之忧国爱民，不若王爱尺縠也。"
(《战国策·齐四》)

古书中的注释经常要提及前人的话，并根据提及的话是不是语义重心来决定用哪一种结构：

(72) 宓子不欲人之取小鱼也。高注：古者鱼不尺不升俎……，故不欲人取小鱼。(《吕氏春秋·具备》)
(73) 有不忘羑里之丑，时未可也。高注：纣为无道，拘文王于羑里，不忘其丑，耻也；所以不伐纣者，天时之未可也。(《吕氏春秋·首时》)

这两例主谓结构和"之"字结构的先后次序相反，但是经推敲发现，例（72）的"人取小鱼"只是提及前人的"人之取小鱼"，不是高注的语义重心，所以无须提高指别度，而例（73）的"天时之未可也"不仅仅是提及前人的"时未可"，还点明"不伐纣"的原因，是高注的语义重心，所以要提高指别度。

2.4 本章小结

把先秦汉语"之"字结构中的"之"定性为指示词或自指标记并认为它的作用是"提高指称语的指别度"可以实现三个统一:"之"和"的"的统一、"NP之VP"和"NP之NP"的统一、指称性的"NP之VP"和陈述性的"NP之VP"的统一。第一,"之"和"的"的功能都是提高所指对象的指别度,不管这个所指对象是事物还是事件①,只是在"自指→转指"这个共同的演化道路上,"的"比"之"走得更远(参见本书3.3节)。第二,按照沈家煊先生提出的"名动包含"说,动词也是名词,是一种动态名词,因此"NP之VP"实质上就是"NP之NP",差异只是"NP之VP"中的"VP"指的是事件而"NP之NP"中的"NP"指的是事物。第三,汉语中名词可以做谓语,动词也可以做主宾语。"NP之VP"做主宾语是常态,其独立成句或做复句的一个分句是非常态,但是这种非常态也是合情合理的,因为汉语中名词是可以做谓语的,也

---

① 可以参阅本丛书第一辑完权著《说"的"和"的"字结构》和王冬梅著《汉语词类问题》中的相关讨论。

2 虚词"之"

可以独立成句,汉语的单句和复句本来就没有明确的界限。①

通过本章的讨论,除了"之"字的"到……去"义外,其他诸义均可以统一起来。"之"有指示词的用法和代词的用法实际上就是"指"和"代"是有联系的,"指"先于"代"。吕叔湘(1979/2007:36—37)在讨论代词时指出,有些词并不具有称代的作用,有的只有指别的作用。指别和称代是不同的句法功能,代词之中兼有这两种功能的固然不少,而只有一种功能的似乎更多。把代词分成代词和指别词两类(一部分兼属两类),也许更合理些。如果仍然合为一类,也是把名称改为"指代词"较好。"之"就是典型的指代词,但是必须记住它的"指"的功能是本,"代"的功能是派生的、非根本的。说"之"有舒缓语气的功能,实际上是指"之"字的"指"的功能与"语气"有联系。"指"本质上是传递说话人主观意图的,提高指别度的同时就会有停顿,"顿"即语气,这还是说明"指"为根本,"语气"功能是派生的、非根本的。过去关于"之"字功能的各种争论,都是囿于印欧语的词类观念造成的。

---

① 可以参阅本丛书第一辑许立群著《从"单复句"到"流水句"》中的相关讨论。

"鸟之双翼"与"鸟之将死"中的"之"是同一个"之",也就是说"NP 之 VP"也是"NP 之 NP"。周韧(2012)认为"N 的 V"结构就是"N 的 N"结构,既看到了两种结构中"的"字功能的同一性,也看到了汉语名词和动词的关系。

总之,只有打破汉语研究中的印欧语眼光,才能够搞清楚"之"字的功能,才能够对"之"字的功能作出统一的解释。

3 虚词"者"

3.1 "者"字以往研究

关于"者"字的性质,根据胡云晚(2004)有以下诸说:①"代词"说,以郭锡良等为代表,主张"者"为辅助性代词;②"代词""助词"说,以马建忠等为代表,根据不同情况把"者"分为代词和助词两类;③"代词""语气词"说,以王力等为代表,根据不同情况把"者"分为指示代词和语气词两类;④"助词""代词""语气词"说,以杨伯峻为代表,根据不同情况把"者"分为助词、代词和语气词三类;⑤"助词""语气词"说,以何乐士等为代表,根据不同情况把"者"分为助词和语气词两大类,其中何氏还把"者"字的助词用法分为结构助词和语气助词两个小类;⑥"助词"说,以马汉麟、段德森等为代表,其中段氏根据不同情况把"者"分为结构助词和语气助词两个小类。由此可以看出,学界对"者"的性质问题没有统一的认识。

正是因为人们对"者"的性质问题看法不一,所以学界对"者"的功能问题也存在不同的看法,主要有"名词化"标记说、"局部指称化"标记说和"局部话题"标记说三种不同的观点。

3.1.1 "名词化"标记说

朱德熙(1983)认为,凡是真正的名词化都有实在的形式标记,并且认为"者"字是名词化标记,其语法功能是使谓词性成分名词化,其语义功能有自指和转指两种。转指的"者"用"者 t"表示,自指的"者"用"者 s"表示。所谓的转指就是"VP 者 t"表示动作的发出者和承受者,从语义角度看,即表示施事或受事等。所谓的自指就是"VP 者 s"表示 VP 所表示的事件或状态,用朱德熙的话来说就是:如果说 VP 是表示行为、动作、状态的,那么"VP 者 s"表示的就是物化了的行为、动作和状态。下面的例(1)—(3)为"者 t"表转指的例子,例(4)—(6)为"者 s"表自指的例子。

(1) 臣弑其君者有之,<u>子弑其父者</u>有之。(《孟子·滕文公下》)

(2) 南门之外有<u>黄犊食苗道左者</u>。(《韩非子·内储

3 虚词"者"

说上》)

(3) 治于人者食人，治人者食于人。(《孟子·滕文公下》)

(4) 金重于羽者，岂谓一钩金与一舆羽之谓哉？(《孟子·告子下》)

(5) 然则舜有天下也，孰与之？曰，天与之。天与之者，谆谆然命之乎？(《孟子·万章上》)

(6) 秦攻梁者，是示天下要（腰）断山东之脊也。(《战国策·魏策四》)

朱德熙还认为名词性成分后面的"者"属于"者s"，表自指。例如：

(7) 有颜回者好学。(《论语·雍也》)
(8) 虎者戾虫，人者甘饵也。(《战国策·秦策二》)
(9) 于是使勇士某者往杀之。(《公羊传·宣公六年》)
(10) 此二人者实弑寡君。(《左传·隐公四年》)
(11) 此二物者，所以惩肆而去贪也。(《左传·昭公三十一年》)
(12) 昔武王克商，光有天下。其兄弟之国者十有五人，姬姓之国者四十人。(《左传·昭公二十八年》)

(13) 昔者吾友尝从事于斯矣。(《论语·秦伯》)
(14) 寡人夜者寝而不寐,其意也何?(《公羊传·僖公二年》)
(15) 莫春者,春服既成。冠者五六人,童子六七人,浴乎沂,风乎舞雩,咏而归。(《论语·先进》)

袁毓林(1997)也认为"者"是名词化标记,并从谓词隐含的角度对"名词性成分+者"中的"者"进行了解释。

3.1.2 "局部指称化"标记说

姚振武(1994)一文是对朱德熙(1983)一文的商榷。关于转指的"者",姚振武(1994)通过大量的实例证明,先秦汉语中有很多谓词性成分不需要形式标记就可以转指动词所表示的动作的施事、受事、工具或动作所产生的结果等。例如:

(16) 执事顺成为臧,逆为否。(《左传·宣公十二年》)
(17) 有灾,其执政之三士乎!(《左传·襄公十年》)
(18) 一箪食,一瓢饮,在陋巷,人不堪其忧,回也不改其乐。(《论语·雍也》)

3 虚词"者"

（19）侍食于君，君祭，先饭。(《论语·乡党》)

姚振武指出以上例子中的"执事""执政""饮""饭"分别转指"执事者""执政者""所饮""所饭"，从而说明朱德熙所说的"凡是真正的名词化都有实在的形式标记"这句话是印欧语的概念，似不符合汉语的实际。

关于自指的"者"，姚振武同样通过实例证明先秦汉语的 VP 本身可能是指称性的，因而认为朱德熙所说的"'VP 者 s'的作用就是把 VP 所表示的意义加以事物化"这句话欠妥。例如：

（20）男女授受不亲，礼也。嫂溺，援之以手者，权也。(《孟子·离娄上》)
（21）孩提之童，无不知爱其亲者。及其长也，无不知敬其兄也。(《孟子·尽心上》)

上面两个例子非常能够说明问题。例（20）中两个句子的主语分别是"男女授受不亲"和"嫂溺，援之以手者"，一个含有"者"，一个无"者"。例（21）中前后两个句子里，动词"知"的宾语分别是"爱其亲者"和"敬其兄"，一个含有"者"，一个无"者"。这充分说明先秦汉语中谓词性成分本身可以指称一个事件，加"者"不是其指称事件的必要条件。

姚振武（1994）虽然认为朱德熙（1983）中"VP者t"的"者t"不是名词化标记，但是也没有具体指出"者t"到底是什么，只是认为"VP者s"只是一种指称性的谓词性成分，"者s"只是一个表指称（自指）的形式标记。由于姚振武只是认为"者s"是指称化标记而没有考虑"者t"的性质，所以我们称其观点为"局部指称化"标记说。

3.1.3 "局部话题"标记说

"局部话题"标记说是指有些学者（董秀芳2004、2012a，李小军、刘利2008，李小军2008）只认为朱德熙所说的表示自指的"者s"具有话题标记功能而不承认朱德熙所说的表示转指的"者t"具有话题标记功能。董秀芳（2004、2012a）认为"者"的话题标记功能是从其名词化标记用法发展出来的，话题的后面经常可以有停顿，表示提顿的语感即由此而来。董文指出，将这类"者"看作自指的名词化标记是有问题的，因为这类"者"可以跟在名词性成分后面，而名词性成分后出现自指标记是没有合理的动因的。只有将这类"者"看作话题标记，才能对其用法作出合理的解释。李小军、刘利（2008）和李小军（2008）认为朱德熙所说的表示转指的"者 t"是指代词,其功能是名词化,而朱德熙所说的表示自指的"者 s",由于指代功能弱化,很多人就把它们看作语气词,最终发展出话题标记功能。

总之,"名词化"标记说与"局部指称化"标记说、"局部话题"标记说属于两种处理先秦汉语中"者"字的不同做法:前者是统一,都是名词化标记;后者是细分,认为只有部分"者"字是指称化标记或话题标记。

3.2 "者"字研究评述

3.2.1 朱德熙(1983)的贡献和问题

3.2.1.1 朱德熙(1983)的贡献

朱德熙(1983)的主要贡献就是试图对自指的"者"和转指的"者"作出统一的解释。朱德熙(1983)没有像后来袁毓林(1997)那样试图将"者"在语法上统一为"名词化标记",而是有另外一种统一的思路。在最后的"余论"一节,朱德熙在何莫邪(1981)的启发下,专门讲了在语义上自指的"者"和转指的"者"如何统一的问题。他说,"者 s"和"者 t"是否有联系,"这个问题我们现在还不知道怎么回答。这里只想提一点线索作为今后研究这个问题时的参考"。

"之""者""而"新解

他还说:"假定说我们终于找到了一种能够给'者 s'和'者 t'作出统一的解释的理论。随之而来的问题是:'的 s'和'的 t'之间是不是也有联系?如果有,那末这种联系是不是能用同一个理论来解释?"朱德熙的这些话表明两点:一是用一种统一的理论将"者 s"和"者 t"联系起来并作统一的解释,这是今后有待研究的问题;二是"者 s"和"者 t"的联系问题要跟"的 s"和"的 t"的联系问题结合起来研究。

也许有人会问,为什么一定要寻求统一的解释呢?朱德熙没有说,但是从朱先生身上体现出的科学精神我们应该认识到,科学研究的目的不是细分,细分不是目的,只是手段。不仅爱因斯坦等杰出的物理学家在构建物理理论的时候以"简单"为最高准则(汤双 2011),哲学家冯友兰也说,科学研究的最终目的是追求"单纯性"(冯友兰 2013:311—325)。就"者"而言,跟印欧语相比较,更有理由追求统一。首先,正如朱德熙在文中指出的,英语中表自指的后缀是一套形式,如"-ness、-ity、-ation、-ment"(kindness,movement),表转指的后缀是另一套形式,如"-er"(指动作施事,如"writer")和"-ee"(指动作受事,如"employee"),然而汉语中"者"表自指和转指时,形式上是没有分别的。其次,我们发现"者"分析为自指还是转指经常是

3 虚词"者"

两可的,都讲得通。例如:

(22) 今有功者必赏,……有罪者必诛,……。(《韩非子·难三》)
(23) 臣弑其君者有之,子弑其父者有之。(《孟子·滕文公下》)
(24) 生而知之者,上也;学而知之者,次也。(《论语·季氏》)

例(22)中,一般把"有功者"分析为"VP者 t",但是分析为"VP者 s"也讲得通,去掉"者"字就是"有功必赏,有罪必诛"。对于例(23),朱德熙的分析是"者"加在"弑其君"之后表示转指,"臣"是大主语,"弑其君者"是小主语,但是分析为"者"加在"臣弑其君"之后表示自指也讲得通,整个"臣弑其君者"是主语。例(24)中的"生而知之者"和"学而知之者"也是转指、自指都讲得通。这是因为汉语的主语就是个话题(赵元任1979:45),谓语是对话题的说明,话题和说明之间的语义联系可以是很松散的。如果我们说以上三例(这样的例子很多)的"者"只能分析为"者 t",不能分析为"者 s",那就会跟赵元任、朱德熙等对汉语主语的定性相冲突。又例如:

(25) 孩提之童，无不知爱其亲者。及其长也，无不知敬其兄也。(《孟子·尽心上》)

(26) 葬死者，养生者，死人复生不悔，生人不愧，贞也。(《国语·晋语二》)

例（25）中，如果单看前句，"不知爱其亲者"的"者"可以分析为"者 t"；如果跟后句对照着看，姚振武（1994）就分析为"者 s"，因为"不知敬其兄"是个自指成分。对于例（26），姚文的分析是"死+者 t""生+者 t"，但是也可以分析为"葬死+者 s""养生+者 s"，"葬死养生"跟"杀富济贫"类型相同，考虑到后面还出现"死人""生人"字样，将"者"分析为"者 s"似更合理。比照现代汉语中的"的"，"的 s"和"的 t"有时也难以区分。例如：

(27) 他在技校学到很多技术，有开车的、修车的……

(28) 他南京上车的。

朱德熙认为"开车的人"里的"开车的"是转指开车的人，"开车的技术"里的"开车的"只是自指开车的行为，但是在例（27）这个语境里，"开车的"也能转指开车的技术。例(28)这句话有三个解读:(i)"他属于南京上车的人",这个"的"似为"的 t";(ii)"他确实是南京上车",这个"的"一般说是语气词,其实是强调的"的 s",自指的是他南京上车这一事实;(iii)"他属于南京上车的情形",这个"的"分析为"的 s"和"的 t"都行。不排除同时有这几种解读的可能。

总之,"者"和"的"的自指和转指因为没有直观的形式区别,所以这种语义上的区别虽然存在,但是界限不清晰,也不那么重要,按照形式类的分合原则(沈家煊 2015),宜合不宜分。

朱德熙提出的将"者 s"和"者 t"联系起来的线索是什么呢?那就是把"者 s"分析为"者 t"的一种特例。朱先生这样说:"'者 s'有可能也是提取主语的。不过与'X 者 s'相应的陈述形式只限于主语和谓语之间有同一性的那种类型的主谓结构。"为了把朱先生的意思说得更清楚,我们分步解说如下。

1)"者 t"是提取主语的(而"所"是提取宾语的)

(29) 治于人者食人,治人者食于人。(《孟子·滕文公上》)

"治于人者"和"治人者"是从主谓结构"S 治于人"和"S 治人"中提取主语 S(分别为受事和施事)后得出的。

2)"者 t"从"同一性主谓结构"中提取主语

(30) 虎,戾虫也。—— 戾虫者,虎也。
(31) 篙,所以注斛也。——所以注斛者,篙也。

"同一性主谓结构"是指谓语和主语的"所指"相同,而且谓语是名词性成分。如"戾虫"和"虎"的所指同一,"戾虫者"是从主谓结构"虎,戾虫也"中提取主语"虎"得出的"VP 者 t"。"所以注斛"和"篙"所指同一,"所以注斛者"是从主谓结构"篙,所以注斛也"中提取主语"篙"得出的"VP 者 t"。

3) 突破单一的主谓结构

(32) 乱臣者,必重人。重人者,必人主所甚亲爱也。人主所甚亲爱也者,是同坚白也。(《韩非子·外储说右上》)

此例第二句的主语"重人者"可以看成是从第一句的主谓结构"乱臣者,必重人"中提取主语"乱臣者"

后得出的"VP 者 t"。第三句的主语"人主所甚亲爱也者"是从第二句的主谓结构中提取主语"重人者"后得出的"VP 者 t"。注意,朱德熙这里的分析已经突破单一的主谓结构,从语篇着眼,把从前一个主谓结构提取主语后得到的谓语分析为后一个主谓结构的主语。这一突破在我们看来十分重要,下面会着重说明,这里先说明一点,即同一性主谓结构的谓语虽然主要是 NP,但是不限于 NP,也可以是 VP,这可以从朱德熙自己举的一个例子中看出:

(33) 孔子之谓集大成。集大成也者,金声而玉振之也。金声也者,始条理也。玉振之也者,终条理也。始条理者,智之事也。终条理者,圣之事也。(《孟子·万章下》)

此例第二句"集大成也者,金声而玉振之也"这个同一性主谓结构中,谓语"金声"(NP)跟"玉振之"(VP)并列,接下来分别用"者"提取主语,得到"金声也者"和"玉振之也者"。"金声也者,始条理也"和"玉振之也者,终条理也"这两个同一性主谓结构中的谓语也是 VP,也用"者"提取它们的主语而得到后续的"始条理者""终条理者"。朱德熙认为此例的情形跟例(30)—(32)"基本相同",我们的理解是,虽然"玉振之""始条理"等是动词性成分,但也是指称性成分,只是指称的对象是动作而已。

这样,朱德熙就把"X者s"里的X,不管它是名词性成分还是动词性成分,都看成一个潜在的同一性主谓结构中的谓语部分。朱先生说,这样不但可以对例(33)"者"前"也"字的存在作出合理的解释,而且还可以说明为什么以"X也者"为主语的句子总是包含着对上文已经提到的事情进行解释的意味。这样做的结果就实现了"VP/NP者s"和"VP者t"的统一,前者成为后者的一种特例,我们图示如下:

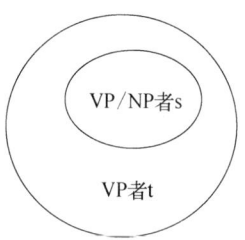

我们认为,朱德熙统一"者"的新思路新在以下三个方面,都是值得肯定的:第一,着眼于语义或语用上的"指称",即自指和转指的统一,不再纠缠于"者"前的成分是名词性的还是动词性的。第二,分析突破单一的主谓结构,着眼于语篇的组织方式,把一个主谓结

构中的主语跟前一个主谓结构的谓语挂钩。第三，用"自指作为转指的一种特例"这种"甲乙包含"的格局实现"者"的统一，在统一的同时仍然维持自指和转指的区别。

3.2.1.2 朱德熙（1983）的问题

朱德熙提出的统一"者"的新思路在我们看来有以上值得肯定的三个方面，但是存在一个理论上的漏洞。上面图示的那个包含格局要能成立，前提是承认"NP 者 s"里的 NP（即在一个同一性主谓结构里充当谓语的 NP）其实是 VP，不然"NP 者 s"就不能作为"VP 者 t"的一个次类。朱德熙的表述是，"戾虫者"是从主谓结构"虎，戾虫也"中提取主语后得出的"VP 者 t"，"重人者"是从主谓结构"乱臣者，必重人"中提取主语后得出的"VP 者 t"，尽管事实上"戾虫"和"重人"是 NP（见朱文的脚注）。这就产生一个严重的问题：如果说一个 NP 充当谓语的时候就确认它为 VP，那就成了"依句辨品"，而这恰恰是朱德熙的理论体系所极力反对的。换言之，正是为了反对依句辨品，为了反对动词做主宾语（自指）的时候发生"零形式名词化"，朱德熙才把 VP 后的"者"定性为名词化标记，但是，一旦把 VP 后的"者"定性为名词化标记并将"者 s"都归入"者 t"，"NP 者 s"里的 NP 如"戾虫"

和"重人"就要确认为 VP，这就又回到了依句辨品。依句辨品者主张，动词做主宾语的时候转化成名词，名词做谓语的时候转化成动词，最终导致的是名动不分和词无定类。总之，这个新思路面临的困境是：如果将 VP 后的"者"定性为名词化标记，就无法将"者"统一为转指标记；如果要将"者"统一为转指标记，就不能将 VP 后的"者"定性为名词化标记。①

除了理论上的不自洽，将"者"统一为转指标记还有一个解释力不够的问题。首先，不是所有的"X 者 s"里的 X 都是一个潜在的同一性主谓结构中的谓语部分。例如：

(34) 故臣曰：亡国之廷无人焉。廷无人者，非朝廷之衰也，家务相益，不务厚国。(《韩非子·有度》)

(35) 九月癸酉，地震。地震者何？动地也。(《公

---

① 也是为了统一"者"，何莫邪（1983/1985）不是采取依句辨品的办法，而是干脆说汉语的名词是动词的一个次类，名词是"分类性动词"。朱德熙（1988、1990）认为这种解释"相当牵强"。对此，沈家煊（2012c）有详细评论，并且说明应该反过来说汉语的动词是名词的一个次类，是"动态名词"。这个思路跟本章第 3.3.3 节提出的统一"者"的思路一致。

3 虚词"者"

羊传·文公九年》)

(36) 然则舜有天下也，孰与之？曰，天与之。天与之者，谆谆然命之乎？曰，否。天不言，以行与事示之而已矣。曰，以行与事示之者，如之何？(《孟子·万章上》)

这些例子中，"X 者 s"前面出现的都不是同一性主谓结构，"X 者 s"只是重复前面出现的词语以充当承接的话题而已。

其次，姚振武（1994、2015）用大量实例指出，"者 s"和"者 t"都不是非加不可的，不加也能表示自指和转指。以下的例子大多转引自姚文，我们再补充一些。自指固然都不必加"者"：

(37) 男女授受不亲，礼也。嫂溺，援之以手者，权也。(《孟子·离娄上》)
(38) 孩提之童，无不知爱其亲者。及其长也，无不知敬其兄也。(孟子·尽心上)
(39) 取诸人以为善，是与人为善者也。(《孟子·公孙丑上》)

"嫂溺，援之以手"加"者"，并行的"男女授受不亲"就不加。"不知爱其亲"加"者",并行的"不知敬其兄"就不加。对于例(39),《马氏文通》(第68页)说,起词"取诸人以为善"与表词"与人为善"二者"同为一事",一个加"者"一个不加。这种现象很普遍,下面都是a句加"者",b句不加:

(40) a. 仁者,人也;义者,宜也。(《礼记·中庸》)

b. 仁,人之安宅也;义,人之正路也。(《孟子·离娄上》)

(41) a. 礼也者,小事大,大字小之谓。(《左传·昭公三十年》)

b. 礼,经国家,定社稷,序民人,利后嗣者也。(《左传·隐公十一年》)

(42) a. 乾元者,始而亨者也。利贞者,性情也。(《易传·上经》)

b.《象》曰:既济,亨。小者亨也。利贞,刚柔正而位当也。(《易传·下经》)

(43) a. 彭蒙、田骈、慎到不知道。虽然,概乎皆尝有闻者也。(《庄子·天下篇》)

b. 子路有闻。未之能行,唯恐有闻。(《论语·公冶长》)

3 虚词"者"

转指也不是都非加"者"不可。例如:

(44) 今夫鹄的非咎罪于人也,便弓引弩而射之,<u>中者</u>则善,<u>不中</u>则愧,少长贵贱,则同心于贯之者,何也?(《战国策·齐策》)

(45) a. 居是邦也,事其大夫之<u>贤者</u>,友其士之仁者。(《论语·卫灵公》)
b. 举<u>贤</u>不避亲仇。(《吕氏春秋集注》)

(46) a. <u>来者</u>勿禁,往者勿止。(《庄子·山木》)
b. 饮食周急之厚弥衰,送往劳<u>来</u>之礼不行。(《汉书·薛宣传》)

谓词性成分无须形式标记就可以转指与动作相关的人或事物,这也是很普遍的现象,除"执事""执政""司民""御"这些职务名称,还有:

(47) 朕不肩<u>好货</u>。(《尚书·盘庚下》)(转指好货者)

(48) 杀一<u>无罪</u>,非仁也。(《孟子·尽心上》)(转指无罪者)

(49) 春省耕而补<u>不足</u>,秋省敛而助<u>不给</u>。(《孟子·告子下》)(转指耕力不足者和欠收者)

"之""者""而"新解

(50) 一箪食，一瓢饮，在陋巷，人不堪其忧，回也不改其乐。(《论语·雍也》)(转指所饮)

(51) 问知而听能。(《韩非子·解老》)(转指知者和能者)

(52) 既夺人有，又禁其葬，非仁也。(《晏子春秋·外篇第七》)(转指所有)

(53) 肆心傲听，不恤民忧，非义也。(同上)(转指所忧)

最后二例很有意思，转指的"有"和自指的"葬"并列，自指的"听"和转指的"忧"并列，证明上文所言，自指和转指的区分不那么重要。不加"者"也能转指，不仅先秦汉语如此，现代汉语也如此，例如"编辑、看守、摆设、同谋"等。报纸上有个标题为"跑官裸官不提拔"，其中"裸官"是 NP，"跑官"原先是VP（动宾结构），这里转指跑官者跟"裸官"并列。类似"跑官"的例子其实非常多，如"管家、炒饭、剪纸、存款"等。既然汉语中不必加标记的光杆动词也能转指，统一为"者 t"后仍然需要作出解释的是：加"者 t"干什么？为什么要形成"者 t"？李佐丰曾提出一个问题：有了"贤人"，为什么还要有"贤者"？这个"者"究竟是干什么用的？还有，表示自指的"X 者"

还能出现在定语和宾语的位置上,如下面例(54)—(57),很难说它们也是从主谓结构中提取主语后得出的。

(54) 异乎三子者之撰。(《论语·先进》)
(55) 曰,不为者与不能者之形何以异?(《孟子·梁惠王上》)
(56) 君曰"告乎三子"者。(《论语·宪问》)
(57) 于是使勇士某者往杀之。(《公羊·宣公六年》)

解释力不够的问题不如理论不自洽严重。对于将"者"统一为转指标记和将 VP 后的"者"定性为名词化标记,前面已分析指出二者是相矛盾的。姚振武(1994)根据 VP 不加"者"也能自指和转指的事实,也指出了朱德熙在理论上不自洽的地方。他批评朱德熙说的"凡是真正的名词化都有实在的形式标记"这句话是印欧语的概念,不符合汉语的实际。其实,如前所述,朱德熙是为了反对汉语有"零形式名词化"的观点而说上面那句话的。姚文的这一批评没有批到点子上,只是提出汉语"真正的名词化不都有实在的形式标记",这其实还是预设汉语存在 VP 的名词化,还是承认

"VP者t"是名词化形式,只是主张在汉语里名词化可以是"零形式"的。然而在朱德熙看来,在汉语里主张"零形式名词化"才是印欧语的概念,是"人为的虚构"。姚振武(2015:60)还说汉语中"名词和动词不仅相互对立,而且还相互转化",说这种相互转化都可以是零形式的,那又如何谈得上名词和动词"相互对立"呢?我们下面将说明,要统一"者",真正成为问题的,不在是否存在"零形式名词化"(我们跟朱德熙一样肯定这是不存在的),而在是否应该把VP后的"者"定性为名词化标记。

现在来分析朱德熙用转指统一"者"不成功的原因。有两个互相关联的原因:一是过分看重主谓结构在汉语中的地位,二是默认汉语跟印欧语一样是"名动分立"格局。

朱德熙(1985:8)说,汉语主谓结构的地位跟述谓、状中、连动等其他结构的地位"完全平等"。可见,朱德熙认为主谓结构在汉语里并没有特别重要的地位。前面说过,朱德熙用转指统一"者"的时候已经突破单个主谓结构进入语篇分析,这是一个重要的进步。但是正如朱先生说的,传统的观念十分强大,因此他在建议统一"者"为转指标记的时候,还是特别依赖主谓结构,认为"者"都是从主谓结构里提取主语。在印欧语里，主语是主语，谓语是谓语，形式上主语和谓语泾渭分明，而汉语并非如此，主谓之间并没有结构形式上的二分对立，主语和谓语（或谓语的一部分，通常是宾语）以相同的形式环环相扣、层层推进，这正是汉语语篇组织的一个显著特点。董秀芳（2012b）将古汉语里这种常见的语篇组织形式称作"链式话题结构"，即在连续出现的话题结构中，后一个话题结构的话题与前一个话题结构的说明（或说明的一部分）相同，只是重复，形式上没有差别。例如：

(58) 逸则淫，淫则忘善，忘善则恶心生。(《国语·鲁语下》)
(59) 国君不可以轻，轻则失亲；失亲，患必至。(《左传·僖公五年》)
(60) 鬼不祟人则魂魄不去，魂魄不去而精神不乱，精神不乱之谓有德。(《韩非子·解老》)
(61) 名不正，则言不顺；言不顺，则事不成；事不成，则礼乐不兴；礼乐不兴，则刑罚不中；刑罚不中，则民无所措手足。(《论语·子路》)

汉语的这个特点古今相通，一脉相承，同样的情形在现代汉语中也十分常见（许立群 2016）。例如：

(62) 我去，去不能空手去，空手去不礼貌，礼貌还是要讲的。
(63) 反正说的都离不开修沟，修沟反正是好事，好事反正就得拍巴掌，拍巴掌反正不会有错儿，是不是？老太太。（老舍《龙须沟》）

重复的成分经常去掉一个，形成所谓的"递系式"（也叫"兼语句"）。下面是唐诗的例子（沈家煊 2016a）：

(64) 牛马行，行无色；蛟龙斗，斗不开。→牛马行无色，蛟龙斗不开。
(65) 星垂平野，平野阔；月涌大江，大江流。→星垂平野阔，月涌大江流。

这种紧缩很容易实现，因为从说明转化为话题并不受形式上的束缚，所以"行"和"斗"既是说明也是话题，既是述谓语也是指称语。就是单个的"话题—说明"结构，如"床前明月光"，其中的说明"明月光"也是一个潜在的话题，可以接着对它加以说明，如"（明月光）疑是地上霜"。因此，连续语流中的每个说明，不管它是 NP 还是 VP，都具有指称性。汉语所谓的"主语+谓语"的句子实际是两个指称性"零句"的并置（参看沈家煊 2012a），谓语也属于指称语，即 S → NP1 + NP2，只不过 NP2 通常是指称动作的 NP 而已。因此汉语的实际情形是，VP 是 NP 的一种特例，是动态 NP。朱德熙坚持认为，汉语的动词做主宾语（自指）的时候还是动词，没有什么"零形式名词化"。这是一个突破传统观念的巨大进步，但遗憾的是，由于传统的"名动分立"的观念十分强大，朱德熙没有来得及接着向前跨出一步，即承认汉语的 VP 是 NP 的一种特例，动词本来属于名词。正因为动词本来属于名词，所以谈不上什么"名词化"；正因为谓语也属于指称语，具有指称性，所以汉语谓语的类型不受限制，名词性成分也可以做谓语。

由于默认汉语跟印欧语一样是"名动分立"的，朱德熙就把加在 VP 后头的"者"定性为名词化标记，很多人也接受这个定性，然而正是这一定性造成了理论上的矛盾。如前所述，朱德熙之所以说"者"是名词化标记，是为了反对汉语有"零形式名词化"的观点，然而由于汉语中 VP 不加"者"也能自指和转指，一旦将"者"定性为名词化标记，就得承认自指和转指的光杆 VP 是零形式名词化的产物了。英语中确实有零形式名词化,如"work"和"play"(自指),"help"(帮手)和"find"(发现物)(转指),但这是特例不是常态,常态是加形式标记。汉语动词自指的时候都不必加标记,转指不加标记也是古今汉语的普遍现象,况且语义上的转指不都是"名词化",还有名词转指某种相关的活动这种情形,见下面例(64)—(66)①。

(66)刍荛者往焉,雉兔者往焉,与民同之。(《孟子·梁惠王下》)
(67)十亩之间兮,桑者闲闲兮。(《诗经·魏风·十亩之间》)
(68)然,诚有百姓者。(《孟子·梁惠王上》)

"刍荛者"转指割草砍柴的人,"雉兔者"转指猎鸟兔的人,"桑者"转指采桑人或种桑人,"百姓者"转指百姓讥讽或流传的事。

其实,大可不必说"者"是名词化标记或"者"不是名词化标记,它甚至跟名词、动词无关。我们只需说"者"是一个自指或转指标记,关键是要弄清加这个"指标记"干什么。

---

① 转引自甲柏连孜 2015:275—276。

3.2.2 袁毓林（1997）的问题

我们在前文讨论"者"字的名词化标记说时已经指出，袁毓林（1997）试图借助谓词隐含的观念，证明"名词性成分+者"中，名词性成分之前隐含了一个言说义动词"曰"或"谓"，从而说明名词性成分后面的"者"也是名词化标记。袁文是这样说的："者"还能加在名词性成分之后，构成"NP+者"，那么它跟"VP+者"中的"者"在语法功能上有没有同一性呢？假如我们能够证明"NP+者"中隐含了"曰、谓"一类动词，"者"提取"（曰/谓）NP"的主语，那么就可以说这种"者"的语法功能也是名词化，语义功能也是表示转指。例如：

(69) 南方有倚人焉，曰黄缭，问天地所以不坠不陷风雨雷霆之故。(《庄子·天下》) →（名曰）黄缭者，南方之倚人也。

(70) 南方有鸟焉，名曰蒙鸠，以羽为巢，而编之以发，系之苇苕。(《荀子·劝学》) →（名曰）蒙鸠者，南方之鸟也。

仅从上面两例看，袁毓林的证明似乎有一定的道理，但是孙洪伟（2015）指出，在先秦汉语中并未发现

"之""者""而"新解

"曰 VP/NP 者""为 VP/NP 者"① 这样的例子,不仅如此,有的"NP 者"恐怕不可以这样补充。例如②:

(71) 此三君者,皆各以变古者失其国而殃及其身。(《史记·蒙恬列传》) ≯ (名曰/谓/为)此三君者,皆各以变古者失其国而殃及其身。

(72) 此二人者,岂借宦于朝,借誉于左右,然后二主用之哉?(《史记·鲁仲连邹阳列传》) ≯ (名曰/谓/为)此二人者,岂借宦于朝,借誉于左右,然后二主用之哉?

(73) 夫圣人者,不凝滞于物而能与世推移。(《史记·屈原贾生列传》) ≯ (名曰/谓/为)夫圣人者,不凝滞于物而能与世推移。

另外,"者"还可以加在指时间的词语后面。例如:

(74) 昔者吾友尝从事于斯矣。(《论语·泰伯》)

---

① 袁毓林(1997)假设"NP 者"中隐含"曰、谓"一类的动词,但在他的例子中也包括隐含"为"这样的系词,如其对《荀子·劝学》中"兰槐之根是为芷,其渐之滫,君子不近,庶人不服"的改写即为"(名为)芷者,兰槐之根也"。
② 例(71)—(73)引自芮月英(1999),其中"≯"表示"不能补充为"。

(75) 寡人夜者寝而不寐，其意也何？(《公羊·僖公二年》)
(76) 莫春者，春服既成。冠者五六人，童子六七人，浴乎沂，风乎舞雩，咏而归。(《论语·先进》)

这些时间词语前大多难以添加"曰、谓、为"字样：

(77) 寡人夜者寝而不寐，其意也何？≠ 寡人（名曰/谓/为）夜者寝而不寐，其意也何？

还有，正如朱德熙（1983）举例并指出的，"NP者"除了出现在主语的位置上和从句的末尾，还出现在修饰语的位置上和宾语的位置上，那就更无法补出"曰、谓、为"来了：

(78) 异乎三子者之撰。(《论语·先进》)
(79) 曰："不为者与不能者之形何以异？"(《孟子·梁惠王上》)
(80) 君曰"告乎三子"者。(《论语·宪问》)
(81) 于是使勇士某者往杀之。(《公羊·宣公六年》)

最后,"NP者"还有少量语义上转指的用例,如上文的例(66)—(68)。再引如下:

(66)刍荛者往焉,雉兔者往焉,与民同之。(《孟子·梁惠王下》)
(67)十亩之间兮,桑者闲闲兮。(《诗经·魏风·十亩之间》)
(68)然,诚有百姓者。(《孟子·梁惠王上》)

"刍荛者"转指割草砍柴的人,"雉兔者"转指猎鸟兔的人,"桑者"转指采桑人或种桑人,"百姓者"转指百姓讥讽或流传的事。这类用例如果要补出隐含谓词的话,补出的词是不确定的,是随语境而变迁的,所以这样使用的名词有"境迁语"之称(参看沈家煊2010)。现代汉语中"NP的t"十分常见,如"现在缺小语种的","小语种的"是指教、学、会还是报考小语种的,也是不确定的。

总之,袁毓林试图将"者"的用法统一起来,用意很好,但是试图通过给NP增补(隐含)谓词的做法将"者"统一为"名词化标记",我们认为是不成功的。

3.2.3 姚振武(1994)的问题

如前文所述,姚振武(1994)通过大量的实例证

3 虚词"者"

明先秦汉语中有很多谓词性成分无须加形式标记就可以转指动词所表示动作的施事、受事、工具或动作所产生的结果等。同时，他同样通过实例证明先秦汉语的 VP 本身可能是指称性的，因而认为朱德熙所说的"'VP 者 s'的作用就是把 VP 所表示的意义加以事物化"这句话欠妥。姚振武认为，"VP 者 s"只是一种指称性的谓词性成分，"者 s"只是一个表指称（自指）的形式标记。

姚振武指出先秦汉语中存在大量动词不加任何形式标记就可以表示转指也可以表示自指的情况，我们认为这完全正确，但是他的观点仍存在以下一些问题：一是既然动词无须加任何标记就可以表示转指也可以表示自指，那么加"者"的目的到底是什么？对此问题姚振武没有给出明确答案。二是姚振武（1994）认为汉语中"真正的名词化不都有实在的形式标记"，姚振武（2015：60）认为汉语中"名词和动词不仅相互对立，而且还相互转化"，实际上还是承认汉语存在"零形式名词化"，而这是朱德熙明确反对的，因此他批评朱德熙说的"凡是真正的名词化都有实在的形式标记"这句话是印欧语的概念，不符合汉语事实。实际上，朱德熙说这句话恰恰是为了反对汉语有"零形式名词化"的观点，在他看来，主张"零形式名词化"才是印欧语的眼光。所以，姚振武对朱德熙的批评没有批到点子上。三是姚振武（1994）认为"VP者s"中"者s"是一个表指称（自指）的形式标记，提出"真正的名词化不都有形式化标记"，这其实还是预设汉语存在VP的名词化，还是承认"VP者t"是名词化形式，"者t"就是一个名词化标记，因此他没有考虑"者s"和"者t"之间到底是一种什么样的关系，更没有对它们作出统一的解释。四是他处理"者s"跟他处理"者t"的原则是矛盾的。处理"者t"时，因为VP本来可以转指事物，故"者t"不是转指标记，而处理"者s"时，VP本来可以自指事件，他却认为"者s"是自指标记。

3.2.4 董秀芳（2004）等的问题

董秀芳（2004、2012a）将"者t"视为名词化标记，将"者s"视为（语法化程度不高的）话题标记，并认为"者"是从名词化标记演化出话题标记，演化方向为"转指→自指"。董秀芳（2004、2012a）认为，名词化标记到话题标记的变化发生在表自指的"VP者"这一类上，并且指出表自指的"VP者"经常出现在话题位置上。例如：

（82）然则舜有天下也，孰与之？曰：天与之。天

3 虚词"者"

与之<u>者</u>,谆谆然命之乎?(《孟子·万章上》)

董文分析为:"天与之"在以上语段中出现了两次。第一次是作为小句出现的,叙述一个事件,表达的是一个焦点信息。第二次出现时其后加上了"者",这个"者"将"天与之"名词化了。这种名词化是自指,在语义上将原来的事件名物化了。从语用的角度看,"天与之"承接上文,是一个已知信息,而且是刚刚被激活的信息,活跃在听说双方的共享知识里,说话者将这个信息提出来作进一步的解说,因此,"天与之者"是话题,是一个表自指的"VP者"形式充当的话题。由于具有自指意义的"VP者"经常充当话题,而且其中的"者"对"VP"的意义的改变不大,因而"者"的语义功能不突显,这一点正与话题标记相契合:在语义上,话题标记只是指出其所附着的成分是交际中所要讨论的对象,而不具有改变其意义的功能。因此,形式和意义两方面的原因促使表自指的"者"在话题位置上被重新分析为话题标记。

李小军、刘利(2008)和李小军(2008)有相似看法,认为"者t"是有名词化功能的指代词,而"者s"的指代功能弱化,最终发展成(经常加在话题后的)语气词。李小军、刘利(2008)认为语气词"者"来源于表自指的指代词"者"。"者"本身是一个指称标记,功能是名词化,由于常位于前一小句末,随着指代义的弱化(bleaching),表提顿和话语标记功能凸显。这一过程大致开始于战国初,在战国中后期语气词"者"得以形成,表提顿,同时兼做话题标记,当时的范式是"……者,……也"。

虽然从话题角度来看"者"是一个新的角度,但是认为这种话题标记功能是从"者"字的名词化标记或指代功能发展出来的却不太合理,原因有四:第一,朱德熙所说的"者"字的转指和自指功能在先秦时期是同时出现的,很难说哪一个先出现,哪一个后出现,也就是说很难说哪一个是原生的,哪一个是派生的;第二,这一观点又带来了一个新的问题,即先秦汉语无须加标记"者"同样可以做话题,那么加这个标记到底是干什么的;第三,他们只看到话题后的"者",却忽视定语和宾语位置上的"者",这两种句法位置上的"者"不可能是话题标记;第四,认为话题标记的"者"是从名词化标记的"者"演化而来,即从"者 t→者 s",这一演变路径也不符合一般的语法化演变路径,通常的语法化演变路径是词项(lexical item)>附缀(clitic)>词缀(affix)(Hopper & Traugott 2003:142),因此从名词化标记到话题标记这种"逆附缀化"是否合理很值得商榷。

我们下文将证明"者"的演化方向不是"转指→自指",而是"自指→转指"。这一过程是一个附缀化的过程,只是这种"化"在汉语里是不彻底的,"者 t"还没有成为一个地道的语法标记和词缀。

3.2.5 何莫邪(1981、1983 & 1985)的贡献和问题

何莫邪(1981、1983 & 1985)等并不是专门讨论古汉语"者"的,但是由于何莫邪的讨论涉及对古汉语"者"字的统一解释,而且朱德熙(1983)试图对"者"作出统一解释也是受到何莫邪(1981)的启发,因此本小节也简要讨论一下何莫邪对"者"字研究的贡献和问题。

何莫耶(1983 & 1985)认为先秦汉语的名词具有动词性,从本质上看是一种"表示类属的"分类性动词(classificatory verb)。也就是说,先秦汉语的名词和动词不是完全对立的一个类,而只能算作动词的一个子类。这样就可以对下面的"者"作出统一的解释。何莫耶的证据如下:

(83) a. 旷,太师也。
 b. 我必不仁也。

  c. 丘也尝使于楚矣。

  d. 吾少也贱。

(84) a. 贤者则贵而敬之。

  b. 民者好利禄而恶刑罚。

(85) a. 仁者乐山。

  b. 仁者如射。

(86) a. 北宫黝之养勇也。

  b. 此匹夫之勇也。

(87) 人而无信，不知其可也。

  贤者而后乐此。

  贤者则贵而敬之。

(88) a. 虽博必谬。　凡虑事欲孰（熟）。　伯宗每朝，其妻必戒之。

  b. 虽大国必畏之矣。　凡道不欲壅。　子如太庙，每事问。

  通常认为"也"是名词性谓语的标记[(83)a]，然而动词性谓语也可以带"也"[(83)b]，主语和从句之后也可以带"也"[(83)c、d]。"者"可以跟在动词后面[(84)a]，也可以跟在名词后面[(84)b]。"者"既是名词化标记[(85)a]，又是从句句尾[(85)b]。要是把名词看作跟名词性谓语一样的分类性动词，就可以

3 虚词"者"

把名词后、动词后、从句后这三种位置上的"也"统一为一个,"者"也可以统一为一个。另外,"之"可以在动词前出现[(86)a],也可以在名词前出现[(86)b]。"而、而后、则"连接句子,但是也可以出现在主语和谓语之间[(87)]。"虽、凡、每"等经常出现在动词前面[(88)a],但也能出现于名词前面[(88)b]。要是把名词看作跟名词性谓语一样的分类性动词,就可以把起不同连接作用的"之"统一为一个、"而"统一为一个、"虽"统一为一个,这样就可以对这些虚词的用法作出十分简单的解释。

以上何莫耶的论证不仅是从词的"分布"状况出发的,而且是从解释要"简单"这个目标着眼的,这两点都是朱德熙所一贯坚持的重要原则(沈家煊 2012b)。朱德熙(1988)在肯定何文的同时也指出该文存在的问题。朱德熙认为何莫邪把先秦汉语里的名词看成分类性动词这一做法有一个明显的优点,就是能够对某些由于所包含的词类不同,过去一直把它们看成结构不同的句法格式作出十分简单的统一的解释。朱德熙批评何文的观点,指出的关键事实是,名词性成分只有在主语位置上才表现出陈述性,在宾语和修饰语位置上没有这种性质。朱德熙因此认为,名词的陈述性是主语这个句法位置赋予它的,而不是名词本身具有的。我们同意朱德熙的观点，即名词本身没有陈述性。名词能做谓语，不是因为名词有陈述性，而是因为谓语有指称性。

我们也认为何莫邪的主要贡献就是看到了先秦汉语中动词和名词具有一定的统一性，但是他的观点最大的缺陷就是没有看到动词的指称用法是常态，而名词的陈述用法是非常态，属于沈家煊（2010）所谓的"境迁语"。也就是说，何莫邪的问题是颠倒了一般和特殊。

3.3 "者"字新解

3.3.1 "者"的性质和功能

由于自指的时候"者"总是可以去掉的，因此有理由首先弄清：自指的时候加"者"干什么？我们的回答很简单：加"者"是复指前面那个指称性成分并起提顿的作用，"者s"应定性为"提顿复指词"，即兼具提顿作用的复指词。例如：

(89) 虎者戾虫。（《战国策·秦策二》）[老虎这种（动物）啊，是暴戾大虫。]

(90) 寡人夜者寝而不寐，其意也何？（《公羊·僖公二年》）（寡人夜里这个啊，睡不着觉，是什么原因啊？）

3 虚词"者"

(91) 以顺为正者，妾妇之道也。(《孟子·滕文公下》)（以顺为正这一点呢，是为妇之道。）

(92) 此二人者实弑寡君。(《左传·隐公四年》)（这两个人他们啊，实际杀死了寡君。）

(93) 如有王者，必世而后仁。(《论语·子路》)（如果出现了真正的君王这样的人呢，也需要一代人才能形成仁的风气。①）

(94) 君曰"告乎三子"者。(《论语·宪问》)（国君说"去向那三位大夫报告"这样子的话。）

(95) 邾娄定公之时，有弑其父者，有司以告。(《礼记·檀弓下》)[邾娄国定公的时候，有杀死他父亲这种（事情）的，有司向定公报告。]

今译不是唯一的译法，但"者 s"大致相当于现代汉语口语里常用的提顿复指词"这个"。被复指的指称性成分，类型上不受限制，可以是体词性成分，也可以是谓词性成分。所谓"提顿"，"提"就是说话的人提请对方注意这个指称语，也是给自己要说的话起个头，

---

① 甲柏连孜（2015：275）指出，此例的"者"有突出的修饰效果，表示"真正的、地地道道的"。

提挈下面的话;"顿"就是说话的人稍作停顿延宕让对方准备好收听下面的话,也是给自己一点儿时间思考怎么接着往下说。复指和提顿都是说话的人为了加强对方对指称对象的注意,同时也提请对方注意接下去的话。当他觉得需要加强的时候就加个"者s",他觉得不需要加强的时候就不加,这就是加"者s"的用意,也是它总是可加可不加的原因。这个定性跟姚振武(1994)"加强指称语气"的说法一致,也可解释"者s"有明显的"引进话题"的语用功能(袁毓林1997)。"者"字结构有50%是充当句子主语的(芮月英1999),因为话题具有"更加明显的指称特点"(徐烈炯、刘丹青2007:138—139),更需要提顿。例(93)—(95)"X者"出现在宾语位置上,按照"链式话题结构"的分析,它们也都是潜在的话题,当然也得承认这个位置上"者"的"顿"的作用大于"提"的作用。但是把"者s"定性为话题标记不妥,因为无"者"同样可以做话题,汉语的话题从古至今都没有强制性的标记,跟日语的话题标记"は"不同,"は"一般不可省略。

对"者s"的这一定性跟清代袁仁林在《虚字论》里说"者"为"倒指顿住之辞"完全一致,因此我们舍弃《马氏文通》里"接续代词"的名称,因为"者"的主要作用不在"代"而在"指"(倒指,复指)。吕叔湘（1979/2007：37）讲代词的时候说，"指别和称代是不同的句法功能"，分为两类"也许更合理些"，"指别是这类词不同于他类词的主要特征，至于称代，反而不是这类词独有的功能"。《马氏文通》虽然用了"接续代词"的名称，但是按《说文》解说为"别事词"，即指别词，"或指其事，或指其物，或指其人"，强调的也是"指"不是"代"（第360页）。倒是后人比附英语的"pronoun"理解"代词"，以为"者"代的是跟动词对立的名词，于是有"者"是名词化标记一说，反而把"者"的性质和功能理解偏了。

总之，"者 s"根本上是一个复指词，兼具提顿作用。复指提顿根本上是语用性质的，都是为了在实际语言交流中加强对方的注意，提高指称语的指别度。近年对语言演化的研究发现，"指"（手指和指示词）很可能是语言起源的初始或准备阶段（Diessel 2013）。

3.3.2 "者 t"的形成

汉语中动词自指和转指的时候本来都无须加标记，以"御"字为例：[另见（37）—（53）诸例]

(96) 吾何执？执御乎？执射乎？吾执御矣。（《论语·子罕》）（自指）

(97) 与其射御，教吴乘车，教之战陈，教之叛楚。

"之""者""而"新解

(《左传·成公七年》)(转指)

由于识别转指对象比识别自指对象需要更多的认知付出(多一个转移对象的心理步骤),当说话的人意图用"御"这个指称驾车动作的词来转指驾车人的时候,他会觉得比"御"自指驾车动作的时候更有必要在后头加个"者"来加强对方的注意,使对方有较充足的时间来根据上下文识别转指对象,于是"者"就在双方的这种经常性互动过程中逐渐演变成一个后附的转指标记,因此我们假设的"者"的演化方向是"自指→转指"。需要指出的是,"者"虽然演变成了转指标记,但仍然不失为一个提顿复指词,它仍然有加强对方注意指称对象的作用。这种演变是不彻底的,理由是:"者 t"在形式上看不出变化,加"者 t"还不是强制性的,有时候转指和自指都讲得通;"者 t"的转指功能在发展过程中还呈衰落的趋势(董秀芳 2002:222),根据《倒序现代汉语词典》,加附缀"者"构成名词的数量不多,只有"编者、读者、记者、劳动者、使者、侍者、行者、学者、著者、作者"等十来个。

董秀芳(2004、2012a)将"者 t"视为名词化标记,将"者 s"视为(语法化程度不高的)话题标记,并认为"者"是从名词化标记演化出话题标记,演化方

3 虚词"者"

向为"转指→自指"。李小军、刘利(2008)和李小军(2008)有相似看法,认为"者t"是有名词化功能的指代词,而"者s"的指代功能弱化,最终发展成(经常加在话题后的)语气词。这个假设还缺乏充分的证据,"者t→者s"这种"逆附缀化"是否合理值得商榷(参见3.2.4节讨论)。如果重视"指"和"代"的区分,承认"指"比"代"更基本,"者t"不是名词化标记,主要功能不是"代"而是"指","指"根本上是语用性质的,那么较合理的假设应该是,不是"者s"减弱了复指的功能,而是"者t"增加了转指的功能(保持复指功能),"者"是从自指的提顿复指词衍生出转指的附缀。这是个附缀化的过程,只是这种"化"在汉语里是不彻底的,"者t"还没有成为一个道地的语法标记或词缀。支持我们这个假设的是吴语(上海话)的提顿复指词"葛个"(这个)和弱化的"个":

(98) 甲:你还是学开车吧!

乙:开车葛个s末,蛮危险的。(开车这个吗,挺危险的。)

(99) 甲:刚才到底是啥人开车?

乙:开车葛个s末,是他不是我。→开车个t末,是他不是我。

例（98）里的"葛个"是"葛个 s"，复指开车并提顿；例（99）里"开车"后的"葛个"本来也是"葛个 s"（汉语的主语只是个话题），也是起复指提顿的作用，当它演化为一个转指附缀的时候就变为形式上弱化的"个"。又例如：

(100) 我是喜欢教师葛个 s 职业。/ 我是喜欢教师葛 s 职业。→
(101) 我是喜欢教师个 t 假期。

例（100）自指的"葛个 s"可以弱化为"葛 s"，但是这个"葛 s"还不能轻读，变为例（101）"个 t"后就可以轻读了。细讲的话，复指和提顿二者也有先后，先是复指，复指是根本，后是提顿，历史的顺序是"复指→提顿→转指"。例如：

(102) 教师｜葛个职业（复指）→教师葛个｜职业（复指+提顿）→教师个｜假期（复指提顿+转指）

请注意，提顿不失复指，是复指+提顿；转指不失提顿复指，是复指提顿+转指。所以，逻辑的顺序可以

3 虚词"者"

表示为:(复指(提顿(转指)))。没有复指就没有提顿,没有复指提顿就没有转指,转指因此是自指(定义为"提顿复指")的一种特例,逻辑上是自指包含转指。

我们假设的这个"自指→转指"的演化方向有利于解释"者"和"的"的异同。在朱德熙(1983)一文里,"NP 者"都是"NP 者 s",而"NP 的"都是"NP 的 t",没有"NP 的 s"。其实"NP 的 s"是存在的,如"教师的职业""父亲的称呼""主任的头衔""留学生的身份"等,"的"的这种提顿复指(自指)功能应该也是"的"的根本功能。如果我们接受"自指→转指"这个演化方向,那么一个合理的解释就是,在这个共同的演化道路上,"的"比"者"走得远,"的"已经变得更像一个转指附缀。

假设"自指→转指"的演化方向也有利于解释先秦"者"和"之"的异同。根据吴道勤(1985)的研究,出现于西周中晚期的"者"字主要用作指示代词和表示顿宕的语气词,与当时虚词"之"的用法完全相同,是"之"的通假字。在《诗经》中,"者"与"之"经常混用,如"有栈之车"和"有芃者狐"相对成文(《小雅·何草不黄》),"裳裳者华"对应于"渐渐之石"(《小雅·渐渐之石》),"始者不如"对应于"兹之永叹"(《邶风·泉水》),"薄言观者"对应于"薄言采之"(《周南·芣苢》)。吴文说"之"和"者"二者都是从其指示代词用法开始发展成一个独立的虚词的,从例证看,所谓"指示代词用法"实际是"指"不是"代",是复指某种状态。"者"和"之"的差别在于"者"出现复指用法的时间比"之"晚(按照吴文,"之"的这种用法可追溯到甲骨文和西周初年)[①],后来"之"循着语法化路径"指词>代词"向第三人称代词发展(Heine & Kuteva 2002),"者"走的语法化路径则是"指词>转指附缀"。

3.3.3 转指是自指的一种特例

朱德熙(1983)将"者"统一为转指标记之所以不成功,前文3.2.1.2节已经说明,是因为在名词和动词的关系上还是受印欧语眼光的支配,以为汉语也是"名动分立",进而把"者 t"定性为名词化标记。其实汉语的动词本来也属于名词,对此沈家煊(2016b)有全面详细的论证。不仅"者 s"不是名词化标记,"者 t"也不是名词化标记,只是个转指标记。对英语来说,转指就是名词化,如"edit→editor,drive→driver";对汉语

[①] 李小军(2008)没有区分指代的"指"和"代"而且主要按"代"理解指代,所以他认为话题标记"者"比指代词"者"晚出现的说法不可靠,也违反词缀化的一般规律。

来说，转指只是转指，谈不上名词化，因为"编辑"既是"edit"又是"editing"，"御"既是"drive"又是"driving"，况且还有"NP 者 t"。而"者 t"的转指功能是从自指功能演化而来，虽然演化得并不彻底，仍然不失为一个起提顿复指作用的自指标记。静心想一想，转指和自指其实是这样的逻辑关系：转指总是以自指为基础，没有自指就没有转指，反之则不然。例如：

（103）如有用我者，吾其为东周乎？（《论语·阳货》）（假如有起用我这样一个人……）
（104）虽小道，必有可观者焉。（《论语·子张》）[即使在小径（小事情）上，也一定有值得一观这样一种东西。]

甲柏连孜（2015：277）指出，在"有 X 者"这样的句式里，"者 t"有类似"这样"的复指功能。其实这并不限于"有 X 者"句式，如《马氏文通》（第66页）解释"为此诗者，其知道乎"（《孟子·公上》），"为此诗者"犹云"为此诗之人"；"是故知命者，不立乎严墙之下"（《孟子·尽上》），"知命者"犹云"知命之人"。释语中都有复指"为此诗""知命"的"之"字，可见所谓的"者 t"都有自指的功能。甚至不加

"者"的时候也是如此,例如,"发现汽车有剐蹭",转指的"剐蹭"(指剐蹭的痕迹)一定也是自指(指剐蹭的事情),但是自指的"剐蹭"不一定是转指。同样,"跑官裸官不提拔","跑官"要转指跑官的官必定先自指跑官的行为,反之则不然。

因此,我们完全可以而且应该把朱德熙设想的那个统一"者"的包含格局反过来,即不是自指是转指的一种特例,而是转指是自指的一种特例:

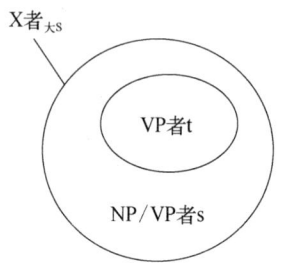

"者"是个"大自指标记",记为"者$_{大S}$",它的性质是提顿复指词,复指功能是根本,复指的成分不管是 NP 还是 VP 都是指称语。而具有转指功能的"者 t"是这个大自指标记的一种特例,"转指"的含义不是从陈述语转变为指称语,而是从自指的指称语变为所指不同的指称语。如果用特征来表示就是:(其中[~转指]表示"未规定是否转指",[-转指]表示"规定非转指",[+转指]表示"规定转指")

者_大s　［+提顿复指］［~转指］

者 t　　［+提顿复指］［+转指］

者 s　　［+提顿复指］［-转指］

这个包含格局实现了"者"的三个统一：名词后的"者"和动词后的"者"统一，自指的"者"和转指的"者"统一，句中的"者"和句末的"者"统一。因为 VP 后的"者"不再定性为名词化标记，朱德熙先生假设的那个包含格局存在的问题就不复存在，理论上的不自洽得以消除。至于"NP 者 t"，因为少见，所以图示里没有标出来，但完全可以纳入[自指（转指）]这一包含格局。

3.4　本章小结

通过本章的讨论可以看出，"名词化"标记说最大的问题是理论上的不自洽，说"者"是名词化标记是为了反对"零形式名词化"的观点，而由于汉语实际上有 VP 不加"者"也可以表示自指和转指这种情况，如果将"者"定性为名词化标记，就得承认自指和转指的光杆 VP 是零形式名词化的产物。"局部指称化"标记说一方面割裂了表示自指的"者"与表示转指的"者"

之间的联系,另一方面处理"者 s"跟处理"者 t"的原则是矛盾的。处理"者 t"时,因为 VP 本来可以转指事物,故"者 t"不是转指标记,而处理"者 s"时,VP 本来可以自指事件,却认为"者 s"是自指标记。"局部话题"标记说认为表转指的"者"是名词化标记,认为表自指的"者"是话题标记,并认为"者 s"是由"者 t"演化而来的。这一观点的问题是,一方面这一演化路径不符合一般的语法化方向,另一方面也不符合汉语的实际,即汉语的话题在使用话题标记上具有非强制性。

把"者"定性为"提顿复指词",其功能是为了在实际语言交流中加强对方的注意,提高指称语的指别度,不仅可以实现三个统一,即名词后的"者"和动词后的"者"统一,自指的"者"和转指的"者"统一,句中的"者"和句末的"者"统一,而且"者"的统一跟现代汉语中"的"的统一是基本一致、互相吻合的[可参看沈家煊、完权(2009)将"的 s"和"的 t"的功能统一为"提高指称成分的指别度",也可参看本书第 2 章]。最后,吴怀成、沈家煊(2017)提出的自指包含转指这个格局还实现了逻辑顺序和历史顺序的统一:逻辑上是[自指(转指)],即先有"者 s/的 s"的存在才有"者 t/的 t"的存在;历史上是"自指→转

3 虚词"者"

指",即先有"者 s/的 s"的出现后有"者 t/的 t"的出现。解释语言事实的时候,逻辑顺序和历史顺序虽然不必统一,但是能统一还是统一为好。

4 虚词"而"

4.1 "而"字以往研究

"而"字的研究历来都受语言研究者的重视,从《马氏文通》开始,不断有学者对其加以讨论。但是总的来说,对于"而"字的性质,学界有两种不同的观点:一种观点认为"而"是连词(马建忠1898,吕叔湘1942/1982,王力1999:447—449,薛凤生1991,杨荣祥2008、2010);另一种观点认为"而"是复指代词(Simon 1951、1952 & 1954,赵元任1955、1968/1979:350)。对于"而"字的来源,学界也有两种不同的观点:一种认为来源于指示代词,以蓝鹰(1990)为代表;另一种认为来源于人称代词,以董莲池(1990)为代表(参见解植永2006)[①]。

[①] 解植永(2006)既不赞成"而"来源于指示代词也不赞成"而"来源于人称代词,而认为"而"是由名词假借而来的。

4.1.1 "而"字连词说

对于"而"字连词说,又可以分为两种不同的观点:一种认为"而"字具有多义多功能,如马建忠(1898/2009:291—297)和王力(1999:447—449);另一种认为"而"字具有单一功能,即连接谓语,如薛凤生(1991)和杨荣祥(2008、2010)。

马建忠对"而"字的分析如下(转引自郭锡良2003):

> "而"字之为连字,不惟用以承接,而用为推转者亦习见焉。然此皆上下文义为之,不知"而"字不变之例,惟用以为动静诸字之过递耳。是犹"与""及"等字之用以联名代诸字也。(马建忠1988:360—361)

郭锡良(2003)认为,马氏在这里是说连词"而"的基本作用是连接动字、静字。它可以用于顺接,也可以用于逆接,不过这只是前后文造成的。紧接着分析"而"连接动字、连接动静诸字、连接状字与动静诸字的情况。最后分析"而"字连接的两部分的语义关系,主要有以下四类(马建忠1988:372—379):

> 凡上下截两事并举,则以"而"字递承,若有

"之""者""而"新解

"又"字之意。

凡上下截两相背戾,则以"而"字捩转,似有"乃"字"然"字之意。

凡上下截一意相因,则以"而"字直承,若有"因"字"则"字之意。

凡上下截有言时者,则以"而"字连之,以记其时之同异。

王力主编的《古代汉语》中把"而"字的用法分成三类:连接形容词、动词或动词性词组;用在一句话的主语和谓语之间;用在状语和动词之间(王力1999:447—449,转引自郭锡良2003)。

薛凤生(1991)认为,在讨论一个"字"(尤其是"虚字")的意义时必须坚守两个基本原则:一是必须确定这个字是代表一个语素还是代表几个不同的语素,一旦认定它只代表一个语素,就应该严格界定这个语素的基本语意成分与语法功能,不能只一二三四地列举它的"不同"含义与功能,而要指明这些不同的含义与功能之间的共通之处,否则就是理论上自相矛盾;二是在为某一语素提出其基本含义与功能的定义时,必须证明这个定义具有最大的周遍性,即适用于这个语素所能出现的一切句式,并且只有采用这个定义,才能最精确地

4 虚词"而"

解释这类句子的含义。针对前辈学者对"而"的研究,薛凤生总结到:在语法方面,"而"字可以连接(a)形容词、(b)动词、(c)动词性词组、(d)主语和谓语、(e)状语和动词;在语意方面,"而"字表示(a)并列、(b)顺接、(c)逆接、(d)假设等。因此,薛凤生质疑道:"而"字所代表的到底是一个还是好几个不同的语法词呢?前辈学者的研究显然与薛凤生(1991)研究虚词时所坚守的两个原则相冲突。为了解决上述冲突,薛凤生认为"而"代表一个单一的词素,并给"而"下了一个定义:

> "而"字的基本定义:(a)语法功能:连接子句构成复句;(b)语意功能:表示其前之子句为副,即副词性的描述语,其后之子句为主,即语意焦点。

杨荣祥(2008、2010)认为"而"的基本语法功能是标记"两度陈述",即"而"连接的一定是两个在句法结构中具有述谓功能的成分。例如:

(1)<u>学而时习之</u>,不亦说乎?(《论语·学而》)
(2)<u>人不知而不愠</u>,不亦君子乎?(同上)

"之""者""而"新解

(3) 君子务本,<u>本立而道生</u>。孝弟也者,其为仁之本与!(同上)

(4) a. 见叔孙穆子,说之。(《左传·襄公二十九年》)
　　 b. <u>见棠姜而美之</u>,使偃取之。(《左传·襄公二十五年》)

杨荣祥(2010)指出,上古汉语允许一个句子有两个陈述中心,这就是"双陈述结构",这种句法规则依赖"而"的使用。"双陈述结构"是上古汉语语法系统区别于后世汉语语法系统的重要标志。他通过例(4)a 和例(4)b 的比较指出:从表达功能讲,例(4)b 中的"而"相当于一个语气停顿;从句法功能讲,其作用是将两个陈述性的成分连缀在一起。为什么要连缀在一起?杨荣祥的解释是,因为在说话人看来,两个陈述所述事件是有联系的,是一个大的事件的两个部分。用语气停顿,是两个各含一项陈述性成分的句子表达两个相对独立的事件[如例(4)a,笔者注]。用"而"将两项陈述性成分连接起来,则是由一个包含两项陈述性成分的句子表达一个复杂的事件,这个复杂的事件包含两个相关的事件。

在"名而动"结构中,"名"原来是一个判断句的谓语部分,它和"而"后的"动"通过"而"连接构成一个复杂谓语形式,共同对句子的话题性主语加以陈

4 虚词"而"

述。例如:

(5) 今晋,甸侯也,而建国,本既弱矣,其能久乎?(《左传·桓公二年》)
(6) 对曰:"吾一妇人,而事二夫,纵弗能死,其又奚言?"(《左传·庄公十四年》)
(7) 对曰:"子,晋太子,而辱于秦。……"(《左传·僖公二十二年》)
(8) 鲁,周公之后也,而睦于晋。(《左传·襄公二十九年》)
(9) 梁,我母家也,而秦灭之。(《史记·秦本纪》)
(10) 宛小国而不能下,则大夏之属轻汉……(《史记·大宛列传》)

杨荣祥(2008)对例(5)的分析是:"而"连接的"建国"本是承"晋"而言的,前面的"甸侯也"是"晋"的判断谓语,如果"甸侯"之后没有"也",今人的标点也许会是"今晋,甸侯而建国……",这样,就形成了所谓的"名而动"结构。可见,所谓的"名而动","而"前的"名"事实上应分析为充当谓语的陈述性成分;"而"后的谓词性成分本不是对"而"前名词性成分的陈述,而是对话题性主语的陈述,如例(5)

中的话题性主语就是"晋"。其余的例子都可以进行类似例（5）的分析，据此，杨荣祥（2008）认为，"名而动"结构来源于"话题性主语+名而动"的"话题性主语"不出现的情况。所谓"名""动"，是就词类属性说的；从句法属性说，在该结构中，"名"和"动"都充当小句的谓语，都是陈述性成分。所以，在"名而动"中，"而"同样是一个"两度陈述"标记。

4.1.2 "而"字复指代词说

赵元任曾经指出："事实上，汉语'连词'的地位如此的不确定，以至于龙果夫不承认它是一个单独的词类。""归根结底，汉语表达并列关系靠的只是词语的并置（juxtaposition）。""在汉语中，并不存在与英语'and'对应的真正的合取词……，'而'通常翻译成英语的'and''and yet''but'，但主要是一个 resumptive word。"（赵元任 1955、1968/1979：350）赵先生注明这是引用西门华德两篇论"而"字性质的论文（Simon 1951、1952 & 1954）。二文用大量实例详细论证先秦汉语的"而"本质上是一个复指代词（resumptive pronoun）①，

---

① 赵元任（1955）一文的中译文将"resumptive word"译成"接续助词"，不甚准确，"resumptive"一词的本义是"恢复、重占"，应译成"复指代词"。（参见 Crystal 1997，resumptive 条；又见沈家煊、许立群 2016）

复指前头的名词主语，而不是英语中"and""but"或"if……then"那样的连词。复指名词主语是为了强调这个主语，不然就无须复指。复指主语的同时也就起到了把主语和谓语连接起来的作用。因此，"而"应该定性为兼具强调和连接作用的复指代词，复指代词是第一性的，强调和连接作用是第二性的，是第一性的自然派生（沈家煊、许立群 2016）。

4.2 "而"字研究评述

4.2.1 马建忠（1898）的观点及问题

马建忠（1898）认为"而"字有表示递承、掞转、直承、连之等功能是上下截的语义关系不同造成的，因此"而"字似乎有"又"字、"乃"字、"然"字、"因"字、"则"字的意思并非"而"字本身真有这些意思，并且指出："经史中遇'而'字做别解者，则解经家一家言也，要未可据为定论。"以上观点可以看出，《马氏文通》对"而"字的解释已经比经史学家的随文注释有了一定程度的进步。郭锡良（2003）对马氏的评价是："他很懂语法的系统性，对古代虚词的论述，大都能从系统的角度考虑问题。这与传统训诂学的研究路子、方法是完全不同的。它对虚词完全不采取近义词互训的方式，也不用互训、异文等传统训诂方法来考察虚词。……马氏当时没有词组的概念，如果把他有关'而'字的观点推衍一下，他实际上是提出了连词'而'连接谓词性成分的论断。"

郭锡良（2003）认为马氏提出"而"字连接谓词性成分的观点是"很具洞察力的，也是很先进的"。而我们认为这也是《马氏文通》对"而"字看法的最大问题，因为这一观点很难解释"十人而从一人""人而无信""再而衰，三而竭"这类含有"而"字的句子。《马氏文通》的问题也是薛凤生（1991）所面临的问题，详见下文分析。

4.2.2　薛凤生（1991）的观点及问题

薛凤生（1991）在看到前辈学者研究中存在的问题后指出，"而"字是一个"只能连接子句"的连词（见本书4.1.1节）。把"而"字的功能概括为"只能连接子句"的连词这一单一功能，相较于《马氏文通》等提出的多功能连词来说是一大进步。薛凤生（1991）想统一"而"字功能的用意是好的，但是省略说站不住。薛凤生（1991）指出，把"而"定性为"只能连接子句"的连词，直觉上也许会感到这与事实不符，因为我们总觉得句子必须是主语与谓语俱全的，而"而"字所连接的却常常只是"形容词、动词或动词性的词组"，甚或只是两个名词。他说其实这都是一些表面现象,一个句子不必主谓俱全,当主语为何已甚明显时,通常是把主语省略的。利用主语省略,可以对各种各样的"而"字句作出统一的解释。例如:

(11) 任重而道远。(《论语·泰伯》)
(12) 兔不可复得而身为宋国笑。(《韩非子·五蠹》)
(13) 小子鸣鼓而攻之可也。(《论语·先进》)
(14) 臣以神遇而不以目视。(《庄子·养生主》)
(15) 取之而燕民悦则取之,……取之而燕民不悦则勿取。(《孟子·梁惠王下》)
(16) 俄而子舆有病。(《庄子·大宗师》)
(17) 学而时习之,不亦说乎?(《论语·学而》)
(18) 弃甲曳兵而走。(《孟子·梁惠王上》)
(19) 秦师轻而无礼。(《左传·僖公三十三年》)
(20) 我怫然而怒,……废然而反。(《庄子·德充符》)
(21) 三十而立,四十而不惑。(《论语·为政》)
(22) 长驱到齐,晨而求见。(《战国策·齐策》)
(23) 相鼠有皮,人而无仪!人而无仪,不死何为?(《诗·鄘风·相鼠》)

(24) 子产而死,谁其嗣之?(《左传·襄公三十年》)

上面例(11)和例(12)中,"而"字前后的两个子句主谓俱全。例(13)和例(14)是"而"字后面的子句省略主语。例(15)和例(16)是"而"字前面的子句省略主语。例(17)和例(18)是"而"字前后的子句均省略主语。例(19)—(24)是薛凤生(1991)认为最容易引起误会的句子,因为过去有人认为"而"可以连接状语和述语,也可以连接主语和谓语,但是薛凤生认为这些例子中的形容词、数词和名词都是活用为谓语并且它们的主语都省略了而已。通过"词类活用"和"主语省略",薛凤生认为"而"连接的都是谓语,从而对其进行了统一的解释。

正如沈家煊、许立群(2016)所言,把"而"定性为连词会产生许多难以解决的问题:首先,"而"是并列连词还是主从连词就说不清。如说是并列连词,"名而动"却显然可以按照"主而谓"或主从结构来理解,例如《古代汉语虚词通释》和《古代汉语虚词词典》都认为"而"出现在主语、谓语之间,往往表示一种强调或者转折的语气,它所在的句子有时用为表示条件或假设的分句。若说是主从连词,"而"又有看上去是典型并列的用法,如"隆准而龙颜""狐裘而羔袖""亡羊而补牢"。另外,"而"连接的是词、短语还是句子也说不清楚。

作为并列连词,连接"一名一动"总说不过去。为了使连接的两个成分语法性质相同,于是采取添补的办法,把认为隐含或省略的词语补出来。这种添补也深受西方语法"动词中心论"的影响,是将"名"添补为一个动词短语或小句,从《马氏文通》开始就一直有人这么做。但是讲语法不能随便拿省略来说事,说省略必须是有条件的。吕叔湘(1979:67—68)说,省略的一个重要条件是"经过添补的话实际上是可以有的,并且添补的词语只有一种可能"。然而"名而动"结构并不满足这个条件,各家对具体省略的词语是什么意见很不一致。杨荣祥(2008、2010)也存在同样的问题,具体分析见下文,此处不赘。

4.2.3 杨荣祥(2008、2010)的观点及问题

杨荣祥(2008、2010)认为"而"的基本语法功能是标记"两度陈述",即"而"连接的一定是两个在句法结构中具有述谓功能的成分。这一观点对于"而"字前后都是谓词性成分的"VP而VP"结构而言也许没有什么问题,问题的焦点主要集中在"名而动"上。杨荣祥(2008、2010)都认为"名而动"来源于"话题性

主语+名而动","话题性主语"省略但是可以补出,如"(彼)管氏而知礼""(我)臣而不臣""(公子)亡人而国荐之"等。这个看法引起了一些讨论。吴春生、马贝加(2014)则认为"名"除了是"彼管氏"这种判断句的省略,还有"有字句"省略,如"十一而至""风而扬埃""谁而及之者"应该添补为"有十分之一的士卒到达""(那里)有风而扬埃""(这里)有谁而及之者"。他们还认为判断句省略的既可能是主语,也可能是谓语,如"管氏而知礼"和"且先君而有知"应该添补为"管氏坏人也而知礼"和"且先君圣者也而有知"。就拿"管氏而知礼"一句来说,至少已经见到四种不同的添补法,即"说到管氏那样的人""彼管氏""管氏坏人也""像管仲一样的坏人",再增加几种也不难,如"有管氏这样的人""假如管氏"。

正如宋洪民(2009)所说,"名而动"结构中"名词性成分的语义补足要依靠语境和听说双方的实际生活经验",语境和各人的实际生活经验不同,自然就有不同的补足法。把"子产而死"中的"子产"解读为"像子产那样贤明的人",把"管氏而知礼"中的"管氏"解读为"像管仲那样的坏人",这种好人坏人的解读并不是"子产""管仲"本身的词义,而只是听说双方在语境中的互动性理解。杨荣祥(2008)认为"名而动"结构中的"名"有统一的类意义(子产这一类人、管仲这一类人),但是也承认这种类意义是"在具体的语言环境中获得"的。陈祝琴(2009)认为下面三例括号里补出的词语是唯一的:

(25) 秦战而胜三国,秦必过周、韩而有梁。三国(战)而胜秦,三国之力,虽不足以攻秦,足以拔郑。(《战国策·赵一》)

(26) 贵聘而贱逆之,君(之)而卑之,立而废之,弃信而坏其主,在国必乱,在家必亡。(《左传·文公四年》)

(27) 大夫为政犹以众克,况明君(为政)而善用其众乎?(《左传·成公二年》)

这似乎支持省略说,其实不然,因为很明显,补出的唯一词语恰恰是根据上文已经出现的词语来确定的,上文如果改变,补的词也要跟着改变。实际上,只要有了上下文,很多"动而动"用例都可以改为简单的"名而动"而不影响文意的理解。例如:

(28) 旷安宅而弗居,舍正路而不由,哀哉!(《孟子·离娄上》)——安宅而弗居,正路而不由,哀哉!

(29)《兵法》不曰"陷之死地而后生,置之亡地而后存"?(《史记·淮阴侯列传》)——《兵法》不曰"死地而后生,亡地而后存"?

(30)是以欲谈者宛舌而固声,欲行者拟足而投迹。(《汉书·扬雄传》)——是以欲谈者而固声,欲行者而投迹。

(31)以歌之家而主犹绩,惧干季孙之怒也。(《国语·鲁语下》)——歌之家而主犹绩,惧干季孙之怒也。

(32)霸主将德是以,而二三之,其何以长有诸侯乎?(《左传·成公八年》)——霸主而二三之,其何以长有诸侯乎?

(33)青,取之于蓝而胜于蓝;冰,水为之而寒于水。(《荀子·劝学》)——青而胜于蓝,冰而寒于水。

(34)白起为秦将,南征鄢郢,北坑马服,攻城略地,不可胜计,而竟赐死。(《史记·项羽本纪》)——白起而竟赐死。

改为"名而动"的时候删去的部分各种各样,这从反面证明添补法不可取。

西方的逻辑学以谓词（predicate）为本，名词做谓语不合逻辑，总要补出个谓词来才合理。但是逻辑不等于语法，正如吕叔湘（1979：67—68）所言，"从逻辑命题出发讲句子结构"是滥用省略说。更何况，中国先秦的"名学"不同于西方的逻辑学（张东荪1938），没有谓词为本的观念。

4.2.4　Simon（1951、1952 & 1954）的贡献

因为赵元任（1955、1968/1979：350）的观点主要引自Simon（1951、1952 & 1954）两篇论"而"字性质的论文，所以我们这里只谈Simon的贡献。Simon最大的贡献就是从根本上定性"而"为复指代词，因为这一定性可以对"而"的各种用法作出统一而简单的说明，消除省略说的各种矛盾。Simon对"而"的论证是从下面例（35）开始的。

(35) 子曰："圣人，吾不得而见之矣；得见君子者，斯可矣。"子曰："善人，吾不得而见之矣；得见有恒者，斯可矣。"（《论语·述而》）

"而"不起连接"得"和"见"的作用，因为不用"而"字"得见"也连接得好好的。"而"的作用是复

指前面的主语"圣人、善人"。它跟"之"的区别是："之"做动词"见"的宾语，是普通代词；"而"位于"见"之前复指并强调"圣人、善人"，强调复指对象是具备某种特性的一类人。"而"的内容或功能因此比"之"丰富，相当于英语的"such"：圣人吾不得 such a person 见之矣，善人吾不得 such a person 见之矣。有人说此例中的"得"作"能"解更合适，因为"圣人"不能"得到"。但是，沈家煊、许立群（2016）认为，"得到"义本身就有实有虚，这个"得"就在虚实之间。《论语》里"仲尼，日月也，无得而逾焉""三以天下让，民无得而称焉"这样的例子中，"得"就只有"企及"义了。还有人认为，"得见"（中间无"而"）的"得"一定表示"能"。其实应该反过来说，"得"表"能"必须是"得 V"，但是"得 V"不一定是"得"表"能"，也可以是表"得到"或"企及"。

作为"强调复指代词"，"而"更多的是直接跟在复指对象之后，形成"名而动"结构：

（36）管氏而知礼，孰不知礼。（《论语·八佾》）——管氏 such a person 知礼，……。

（37）父而赐子死，尚安复请？（《史记·李斯列传》）——父 such a person 赐子死，……？

Simon认为"而"本质上是个指代词,这有许多旁证。语音上"而"很可能是"是+乃"的合音,高本汉构拟的上古音:"而"[*njəg],"乃"[*nəg]。"是"是指代词,经常后接"乃",如《孟子·梁惠王上》"是乃仁术也"。① 另外,《论语·公冶长》中的"不可得而闻也"在《史记·孔子世家》里是"弗可得闻也已",根据丁声树(1933)的论证,"弗"="不+之",可见"而"含有"之"的成分。"人不知而不愠不亦君子乎"一句(《论语·学而》),虽然新式标点"而"字前不加逗号,从前的读法却是"知"处一逗,"愠"处一逗(启功1997:11)。将"而"分析为复指代词复指"(人)不知",那就很好理解。这样的断法今天仍能见到,如"多做点儿实事,而已"(《北京青年报·马建红专栏》2015.10.17)。

4.3 "而"字新解

沈家煊、许立群(2016)从汉语流水句具有并置性和指称性出发,论证"而"具有复指性,其强调和连接

---

① "而"的来源到底是"是乃"的合音还是"而"本身就是代词以及"而"的拟音是否精准,不是我们讨论的重点。Simon主要想用它来旁证"而"具有指代性。

作用是由复指功能派生而来的。具体论证过程如下。

4.3.1 流水句的并置性与指称性

吕叔湘（1979：27—28）说："汉语口语里特多流水句，一个小句接一个小句，很多地方可断可连。试比较一种旧小说的几个不同的标点本，常常有这个本子用句号那个本子用逗号或者这个本子用逗号那个本子用句号的情形。"因此，做语法分析以标点为依据并不可靠。赵元任（1968/2002：39）指出古书的一个重要标点习惯，即一般不加标点，如果加标点经常是标在主语之后，哪怕主语只是一两个音节。这个标点习惯做语法分析的人没有足够重视。

流水句的特性，除了可断可连，近年来通过研究（王洪君 2011，沈家煊 2012a，王洪君、李榕 2014）发现主要有两点：一是并置性，一是指称性。并置性是指小句和小句之间无须靠连词来连接，从并置形式就可以在线（on line）推导出主从关系、主谓关系、顺承或逆接关系。指称性是指不仅名词性短语构成的小句有指称性，动词性短语和主谓短语构成的小句也有指称性。流水句的成因，归根结底是汉语的"句子"其实是"utterance"（译作"话段"），不是印欧语里的"sentence"。话段只凭语调和停顿来界定，不必主谓齐全，不必有谓语动词。没有主语或没有谓语的话段，赵元任称之为"零句"。零句是汉语的根本,完整的主谓句是由一问一答两个零句组合而成的,这就不难理解为什么古书经常在主语后加标点。汉语的主语就是话题(topic),谓语就是说明(comment)。在语篇里,谓语话段是前面话题话段的说明,同时又是下一个话段要说明的话题,所以流水句里的每个话段都具有指称性,有力的形式证据是主语话段和谓语话段后头用的是同一套助词"啊、吧、吗(嘛)、呢"。例如:

(38) 老王呢,又生病了吧,也该请个假呀,走不动了嘛,儿子女儿呢?

这个流水句有五个话段,有的是名词性短语,有的是动词性短语,我们可以把任何两个邻接的话段组合成一个整句。例如:

(39)(若说起)老王呢,(他)又生病了吧?
(若)又生病了吧,(那)也该请个假呀!
(若说)也该请个假呀,(那他)走不动了嘛!
(若是)走不动了嘛,(那)儿子女儿呢?

"他"和"那"都是复指代词复指前面的话题,兼具连接功能，但不是非出现不可，出现只是对话题的强调，也使接续关系更加明显。"若、若说、若是"也不是非用不可，不用也可以推导出条件—结论关系来。① "又生病了""也该请个假""走不动了"虽然都是动词性短语，但是每一个都既是说明也是话题，所以都具有指称性，是指称事件、动作、状态的指称语，可称为"动态指称语"，区别于"老王""儿子女儿"这种"静态指称语"。② 头一个话段"老王呢"是话题其实也是说明，如"老张来了，老王呢？"；最后一个话段"儿子女儿呢"是说明其实也是可以后接说明的话题，如"儿子女儿呢，都上班忙呀"。所以我们得出一个"令人惊异然而明明白白的"结论，汉语流水句的组成是：

$$流水句 = U_{指} + U_{指} + U_{指} \cdots\cdots \quad (U 是 utterance 的缩写)$$

组成流水句的是一系列话段 U 的并置，每个 U 都是指称语，标为 $U_{指}$，只是有的指称语是"动态指称语"

---

① 古汉语"若"也有复指作用。例如，《孟子·梁惠王上》："王曰：'舍之！吾不忍其觳觫，若无罪而就死地。'""若 = in such a way"，复指觳觫状。这证明以"若"开头的话题也兼为话题和说明。
② 说明小句和谓语小句具有指称性，还可以从多方面来论证，特别是谓语小句前都可以加判断动词"是"，参见沈家煊（2013）。

4 虚词"而"

而已。董秀芳(2012b)发现古汉语特多"链式话题结构",即在连续出现的话题结构中,后一个话题结构的话题与前一个话题结构的说明(或说明的一部分)相同,只是重复,形式上没有差别。例如:

(40) 逸则淫,淫则忘善,忘善则恶心生。(《国语·鲁语下》)
(41) 国君不可以轻,轻则失亲;失亲,患必至。(《左传·僖公五年》)
(42) 鬼不祟人则魂魄不去,魂魄不去而精神不乱,精神不乱之谓有德。(《韩非子·解老》)

汉语的这个特点古今相通,类似的情形在现代汉语中也十分常见,例如:"我去,去不能空手去,空手去不礼貌,礼貌还是要讲的。"

沈家煊、许立群(2016)把汉语和英语的差别归纳为:第一,英语的句子区分主句和从句,有时、态、语气的形态区别,主句和从句靠主从连词来连接;汉语是一系列话段的并置,无须连词连接,不分主句从句,只分前话段和后话段,而且前后是相对的,现时的后话段接下来就成为前话段,没有形态差别,每个话段都兼为话题和说明:

> 前话段 — 后话段
>> 前段话 — 后话段
>>> 前段话 — 后话段

第二，英语的句子以动词为中心，主谓结构是基本结构。汉语的前后话段不在乎是名词性的还是动词性的，都是指称语，只是有的指称语指称人和事物，有的指称语指称事件、动作、状态。邻接的两个指称语可以推导出话题—说明关系来，条件—结论这种主从关系也是话题—说明关系。为照顾习惯，我们下面也称话段为"小句"，但是这个"小句"不等于英语的"clause"，是上面意义上的"话段"。

流水句的特性——并置性和指称性告诉我们，在汉语里，指称性主语和述谓性谓语不是二分对立的，而是指称语包含述谓语，述谓语是一种兼具述谓性的指称语。注意，这不是抹杀指称语和述谓语的区别，而是尊重汉语的事实淡化这种区别，其实二者还是有区别的：述谓语虽然也是指称语，但是指称语不都是述谓语。

4.3.2 复指功能

4.3.2.1 "而"复指前面的话题

Simon指出，"而"复指的主语不仅是施事，还可以是受事、工具、时间、处所、数量等成分：

4 虚词"而"

(43) 夫子之文章,可得而闻也。(《论语·公冶长》)(复指受事主语"夫子之文章")

(44) 曹人凶惧,为其所得者,棺而出之。(《左传·僖公二十八年》)(复指工具主语"棺")

(45) 吾十有五而志于学,三十而立,……(《论语·为政》)(复指时间主语"十有五")

(46) 中流而遇风波,船必覆矣。(《汉书·贾谊传》)(复指处所主语"中流")

(47) 千里而见王,是予所欲也。(《孟子·公孙丑下》)(复指数量主语"千里")

傅书灵(2010)认为"时间名词+而+动"不能看作"主而谓"。其实,汉语的主语就是话题(赵元任1968/2002:45—46),时间、处所、数量、受事、工具等充当的主语也都是话题,因此"而"的功能可以概括为复指前面的话题(Simon 只是没有使用"话题"这个名称而已),这个话题可以是前面一个小句的组成部分(通常是宾语)。例如:

(48) 故为政者,每人而悦之,日亦不足矣。(《孟子·离娄下》)("每"应理解为动词"逐一")

(49) 王之伐宋也,请刚柔而皆用之。(《战国策·魏策二》)

"而"复指的话题"人"和"刚柔"是前面动词"每"和"请"的宾语。这二例也可以看出"而"和"之"的区别仍然是"而"兼具强调作用。

4.3.2.2 "而"还复指事件、动作、状态

"而"的复指话题不仅是人或物,还可以是事件、动作、状态。例如:

(50) 今贾忠王而王不知也。(《战国策·秦策五》)
(51) 焉有仁人在位,罔民而可为也?(《孟子·梁惠王上》)
(52) 施诸己而不愿,亦勿施于人。(《中庸》)
(53) 语之而不惰者,其回也与。(《论语·子罕》)
(54) 三问而丘不对。(《荀子·子道》)
(55) 文王一怒而安天下之民。(《孟子·梁惠王下》)

Simon 因此说,"而"不仅相当于"such" = such a person、such a thing 等,还相当于"*suchly" = in such a case、in such a manner 等,可称为"副词性的

'而'"(adberbial *erl*)。这跟汉语的"何"不仅相当于"what"也相当于"how","或"不仅相当于"some"也相当于"*somely" = in some cases、perhaps,都是平行的现象。① 沈家煊、许立群(2016)认为这跟汉语的形容词既可以做定语(快车)又可以做状语(快跑)也是平行现象,根本原因是汉语的动词性词语也具有指称性。值得注意的是,Simon把"而"复指的表示事件、动作、状态的词语,即一般所说的动词性词语,如"罔民""施诸己",还有"三问""一怒"等,都一律归为"名词性"(nominal)词语。这就是说,"而"的复指对象不管是名词还是动词都是指称性词语,形式上是没有分别的。我们可以拿下面成对的例子作比较:

(56) <u>五日而毕</u>。(《史记·赵世家》)
<u>下令三日而市复如故</u>。(《史记·循吏列传》)
(57) <u>千里而战</u>,兵不获利。(《史记·韩长孺列传》)

---

① Simon没有举"何""或"两用的例子,沈家煊、许立群(2016)补充的例子为:"内省不疚,夫何忧何惧?"(《论语·颜渊》),何=what;"徐公何能及君也"(《战国策·齐策一》),何=how。"兵刃既接,弃甲曳兵而走,或百步而止,或五十步而后止"(《孟子·梁惠王上》),或=some;"君子之道,或出或处,或默或语"(《周易·系辞上》),或=in some cases。

"之""者""而"新解

> 去咸阳七里而立死于杜邮。(《史记·甘罗列传》)
>
> (58) 中流而遇风波,船必覆矣。(《汉书·贾谊传》)
>
> 古者天子地方千里,中之而为都。(《新书·属远》)

前文(28)—(34)诸例也说明了这一点。下面二例句末的"而"过去被认为是"而"的"特殊用法",其实也是复指用法,复指并强调一种状态而已:

> (59) 岂不尔思,室是远而。(《论语·子罕》)
>
> (60) 已而,已而,今之从政者殆而。(《论语·微子》)

蓝鹰(1990)指出古汉语的"而"与壮侗语的指代词"那"有许多平行现象,值得重视。例如:

> (61) 那些接亲郎那来娶媳妇,要三十个眼疙瘩。(汉译:来的那些接亲郎,要有三十个眼皮长瘤的。)——类似于"子产而死"。
>
> (62) 你们要同晚那来喽。(汉译:你们要在同一个

晚上回来喽。)——类似于"晨而求见"。

(63) 得个虎那也想去楼下那去偷一个牛来吃。(汉译：正好又有个老虎也想去楼下偷一头牛来吃。)——类似于"虎求百兽而食之"。

(64) 个脸你只是黑笃笃那。(汉译：你这张脸总是黑笃笃的。)——类似于"室是远而"。

可以发现，壮侗语的"那"也是既复指物体、时间又复指动作、事件、状态。

4.3.3 强调与连接

4.3.3.1 "而"由复指而派生的强调功能

因为复指，所以强调，不然就无须复指。Simon 认为"而"派生的强调功能主要表现在两个方面：一是对比功能，一是打量（measured quantity）功能。"而"经常出现在对举的表述中，复指的两个或多个对象形成对比。例如：

(65) 子贡曰："夫子之文章，可得而闻也。夫子之言性与天道，不可得而闻也。"(《论语·公冶长》)

(66) 可以速而速，可以久而久，可以处而处，可以仕而仕，孔子也。(《孟子·万章下》)

"之""者""而"新解

(67) 子曰:"见贤思齐焉,见不贤而内自省也。"(《论语·里仁》)

最后一例(不在 Simon 的文章内)前段不用"而"后段用"而",是因为"见不贤"和"见贤"反差性强。当然对比不一定非得有对举形式,对比的对象也可以隐含在上下文之中。

"而"的打量功能是指言者对复指对象"打一个主观感受的量"。这个复指对象经常是数量词语,但是不限于数量词语。例如:

(68) 舜其至孝矣,五十而慕。(《孟子·告子下》)("而"有"still"义)
(69) 今君一时而知臣。(《战国策·楚策四》)("而"有"only"义)
(70) 七日而浑沌死。(《庄子·应帝王》)("而"有"just"义。)

至于"管氏而知礼""父而赐子死"中,"而"有"even"义,是抽象的打量义。"而"经常同时有对比功能和打量功能,如例(65)"夫子之文章"和"夫子之言性与天道"形成对比,同时前者是往小里说,后者是往大里说。"管氏而知礼"打量管氏是"小人","子产而死"打量子产是"重臣",都跟一般的人形成对比。打的量是大是小、是轻是重,由语境(包括言者的心态)决定。Simon 的文章还提到,藏语有"tsam",梵文有"matra",也放在数量词语之后,类似于"而"表达主观打量。

4.3.3.2 "而"由复指而派生的连接功能

因为复指,所以有连接功能。Simon 说,"而"有表达"若……则"的连接功能,但并不是英语的主从连词"if…then","而"本质上是复指代词,连接功能是派生的。

前后两个小句如果理解为条件—结论关系,前句有"而"则前句是条件小句,"而"相当于"such 若",后句有"而"则后句是结论小句,"而"相当于"such 则"。例如:

(71) 父而赐子死,尚安复请?(《史记·李斯列传》)
前句是条件句,"而"=(父)such a person 若(赐子死)
(72) 焉有仁人在位,罔民而可为也?(《孟子·梁惠王上》)
后句是结论句,"而"=(罔民)such a thing

则（可为也）

(73) 夫人幼而学之，壮而欲行之。(《孟子·梁惠王下》)

前句是条件句，"而" = （幼）such a time 若（学之）；后句是结论句，"而" = （壮）such a time 则（欲行之）

"夫子之文章，可得而闻也"中，"而"（= such a thing 则）也是位于后一小句的中间，前一小句是个名词性短语。Simon 说，名词性短语也是小句，在这里是条件小句"（若说起）夫子之文章"。"圣人吾不得而见之矣"中，"圣人"后头虽然没有逗号，但也是条件小句，比较《论语》中的"若圣与仁则吾岂敢"。"管氏而知礼"的"管氏"应作类似分析。这个分析并无不合理之处，因为条件小句也是话题，话题包括条件小句（赵元任 1968/2002：61，Haiman 1978）。从流水句的角度看，这个分析十分合理，因为做主语的名词性短语后头加不加逗号是两可的，如果稍微长一点儿，一般就加个逗号。还有更重要的事实，即有同一个"而"既表示"若"又表示"则"的情形。例如：

(74) 夫大国之人，令于小国，而皆获其求，将何

以给之?(《左传·昭公十六年》)

如果不以标点为准,有两种相容的分析法:一种是以"夫大国之人令于小国而皆获其求"为前句,以"将何以给之"为后句,"而"出现在前句表示"若",前句可翻译为"大国之人令于小国 in such cases 若皆获其求"。还有一种是以"夫大国之人令于小国"为前句,以"而皆获其求"为后句,"而"出现在后句表示"则",后句可翻译为"in such cases 则皆获其求"。按 Simon 的说法,例(74)包含一主一次两个条件小句:"若夫大国之人令于小国,若皆获其求,将何以给之?"也就是说,"而皆获其求"这个小句既是前面"若夫大国之人令于小国"这个条件句的结论句,又是后面"将何以给之"这个结论句的条件句。下面一例可作类似的分析:

(75) 千乘之君,求与之友,而不可得也,而况可召与?(《孟子·万章下》)

"而不可得也"既是前面"求与之友"的这个条件句的结论句,又是后面"而况可召与"这个结论句(也带"而"字)的条件句。须知这种现象是一般现象而不是特例。"管氏而知礼,孰不知礼"中,前面说过,"管氏"也是一个条件小句表示"若说起管氏","而知礼"既是这个条件小句的结论句"这样的人则知礼",又是后面"孰不知礼"这个结论句的条件句"若这样的人知礼"。这都说明:英语中"if"是"if","then"是"then",主从分明。汉语的"而"时而是"若"时而是"则",有时既是"若"又是"则",主从不分明,不重视主从区分,也没有专门区分主从的形式手段,主从关系是从并置形式推导出来的,是不确定的,而且"而"不像英语主从连词一般位于小句的句首(是否出现在小句句首位置这是区分主从连词和副词的一条重要标准),而是可以且经常位于小句的中间。所以,Simon 说"而"是"副词性的'而'",不是连词。Simon 还特别说,如果认为"而"是主从连词,那就掩盖了汉语语法自身的重要语序原则。① 一个西方学者通过汉语和英语的比较,看出汉语不同于英语的特点所在,而我们有不少人却习惯于搬用英语语法框架来套汉语,还拿所谓的"语言共性"(其实是西方语法特点)来为自己辩解,这应该引起我们的反思。总之,"而"的本质是复

---

① Simon 认为汉语语法自身的重要语序原则是"语义领先,形式居后"并且尚简。

4 虚词"而"

指代词,既不是主从连词也不是并列连词,纯粹的并列关系汉语中只靠并置,用了"而"就不是纯粹的并列,例如下面三例经常用作"而"是并列连词的例证:

(76) 高祖为人,隆准而龙颜。(《史记·高祖本纪》)
(77) 余不说初矣,余狐裘而羔袖。(《左传·襄公十四年》)
(78) 弟子曰:"是黑牛也而白题(蹄)。"(《韩非子·解老》)

其实"龙颜"仍然带有对"隆准"的主观评说意味,不然就无须用"而",说"隆准龙颜"即可。"狐裘而羔袖"是言"一生为善,尚有少恶","而"复指并强调"狐裘",不然也无须用"而",说"狐裘羔袖"即可。"是黑牛也而白蹄"有转折意味,而转折和假设有密切关系①,"黑牛也"仍可视为假设性话题小句,不然就无须用"而",说"是黑牛白蹄"即可。先秦以后,"而"越来越有朝并列连词演化的趋向,但是它的

---

① 吕叔湘(1944/2002:416)指出,"名而动"看似假设实是转折,如"富而可求"隐有"富不可求"之意,"子产而死"隐有"子产不可死"之意。

复指代词的功能仍然留存。仿照英语将"而"定性为并列连词后,新式标点"而"字前不能加逗号,但是正如启功(1979:11)所指出的,"人不知而不愠不亦君子乎"一句,是"知"处一扁点,"愠"处一扁点,要是"而"字前必定不断,陶渊明诗"结庐在人境,而无车马喧",五言古诗岂不有十字句了。

从"名动包含"说(沈家煊2007、2009a、2009b、2016b等)和流水句具有指称性(沈家煊2012a、2016b、2017等)角度,把"而"定性为复指代词,不仅可以解释"名而动",也可以解释"动而动"[如前文例(40)—(45)],还可以解释"名而名"[如下面例(79)—(83)]和"动而名"[如下面例(84)]。

(79) 此君之宪令,而小国之望也。(《左传·襄公二十八年》)

(80) 经纬天地而材官万物,制割大理,而宇宙里(理)矣。(《荀子·解蔽》)

(81) 此燕之长利而君之大名也。(《战国策·秦策三》)

(82) 臣而不臣,行将焉入?(《左传·僖公十五年》)

(83) 其爪牙吏虎而冠。(《史记·酷吏列传》)

(84) 帅师者,受命于庙,受脤于社,有常服矣。不获而尨,命可知也。(《左传·闵公二年》)

同时也可以解释"而"字前后部分都含有"也"字的情形。例如:

(85) 夫齐,甥舅之国也,而大师之后也。(《左传·成公二年》)
(86) 斯人也而有斯疾也。(《论语·雍也》)
(87) 即有取者,是商贾之事也,而连不忍为也。(《史记·鲁仲连邹阳列传》)

因为"名而动""动而动""名而名"和"动而名"都可以看作同一种结构"名而名",又因为汉语没有主谓结构,汉语的流水句构造是"流水句→$U_{指}$+$U_{指}$+$U_{指}$……"(U代表小句"utterance"),小句与小句并置,而且每个小句都有指称性(沈家煊2012a、2017),因此"而"字前后部分都能接"也"字。这样可以统一、自洽、简单地对所有"而"字用法作出统一的解释。

4.4 本章小结

受印欧语句子必须有主谓结构观点的影响,"而"字连词说面对汉语实际,只能通过"省略"来对各种各样的"而"字用法进行解释。然而这种"省略"说是站不住脚的,因为到底省略了什么,不同的人可能有不同的理解,因此补出来的结果也就五花八门,如前文关于"管氏而知礼"就有"说到管氏那样的人""彼管氏""管氏坏人也"和"像管氏一样的坏人"等不同的添补法。

把"而"定性为"复指词",其功能是复指前面的话题,进而派生出强调和连接功能,就可以对"名而名""名而动""动而名"和"动而动"作出统一的解释。当然,这种解释与"名动包含"说及汉语流水句的指称性和并置性等新观点是分不开的。在"X而Y"结构中,无论X和Y是名词还是动词,都可以看作"名而名"结构,因为汉语的动词也是名词,是动态名词。又因为汉语小句具有指称性和并置性,所以在"X而Y"结构中,无论X还是Y都可以带上"也",也就是说"X也"和"Y也"具有指称性,"X也而Y"和"X而Y也"都是指称并置结构,其中"而"仍是复指词,兼具"强调或连接"功能。

5 结 语

汉语虚词研究一直以来受到训诂学和印欧语眼光的影响,在摆脱训诂学影响的同时又被印欧语眼光所束缚,现在到了必须彻底摆脱印欧语束缚的时候了。我们认为要摆脱印欧语眼光的束缚,必须认清汉语语法的本质特征是什么。在我们看来,汉语语法的本质特征至少包括以下三个方面:第一,汉语语法属于大语法,即用法包含语法;第二,汉语的流水句是根本;第三,汉语的词类是名词包含动词。

5.1 如何摆脱印欧语眼光

汉语语法属于大语法,即用法包含语法。沈家煊(2016b:158)指出,汉语语法和用法的关系与印欧语是不同的,可以图示如下:

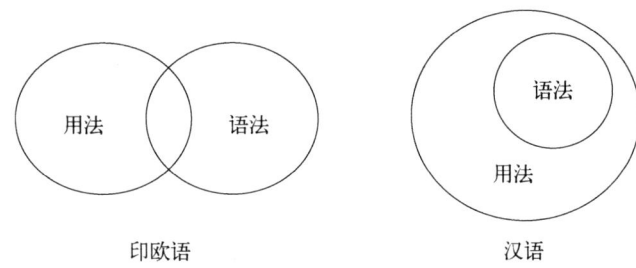

印欧语　　　　　　汉语

印欧语（特别是拉丁语）里语用变化是语用变化，语法变化是语法变化，两者基本上是分开的，有一个用法和语法的交界面；汉语里语用变化往往同时也是语法变化，语法变化就包括在语用变化之中，不存在一个用法和语法的交界面。印欧语的语法已经从用法里独立出来了，汉语的语法还没有从用法里独立出来，用法和语法是一个包含格局，沈家煊（2016b：158）称之为"用体包含"。作为语言结构之"体"的语法包含在"用"法之内。这个包含格局，一方面看，语法和用法是不分的，因为语法问题也是用法问题；另一方面看，语法和用法又是分的，因为用法问题不都是语法问题。正因为用法和语法还有"分"的一面，所以还需要两套名目，如"名词/动词"和"指称语/述谓语"。

汉语的流水句是根本，而且汉语的流水句具有并置性和指称性两大特征。沈家煊（2012a）强调赵元任的

5 结　语

零句说:"包含三个相互联系的要点:(一)整句由零句组成;(二)零句是根本;(三)零句可以独立。"并且结合"名动包含"说进一步推导出汉语流水句的两个重要特征:指称性和并置性。论证简引如下(许立群 2018:160—161):

> 汉语的整句由两个零句组成,而零句可以独立,独立后就是两个并置的句子,……汉语一个个似断似连的句段组成的流水句,其特点之一就是并置性(juxtaposition),句与句之间的语义联系或相关不必靠句法关联手段,可以靠人的一般认知能力来推导。

再者,

∵ 零句都能是主语。
∵ 主语是指称性的。
∴ 零句都有指称性。

又,

> 因为谓语也是零句,所以谓语(一般为动词性

词语)有指称性。我们由此得出一个"令人惊异然而明明白白的"结论,汉语的流水句是:S→S'$_{NP}$+S'$_{NP}$+S'$_{NP}$+……组成流水句的每一个句段S'都具有指称性,可以标为S'$_{NP}$,只是有的S'$_{NP}$兼有陈述性(S'$_{NP/VP}$)而已。"指称性"是流水句的另一个特点。

关于汉语谓词性成分具有指称性,沈家煊(2013)也有专门的论述。汉语流水句具有指称性和并置性,实际上就是告诉我们,汉语的句子并没有印欧语那样的主谓结构。(沈家煊 2017b)

"名动包含"说是指汉语中名词和动词之间是包含关系,动词是名词的一个次类,可以叫作"动态名词"。也就是说,所有的动词都是名词,但是名词不都是动词。"名动分立"和"名动对立"这两种不同的词类格局可以图示如下:

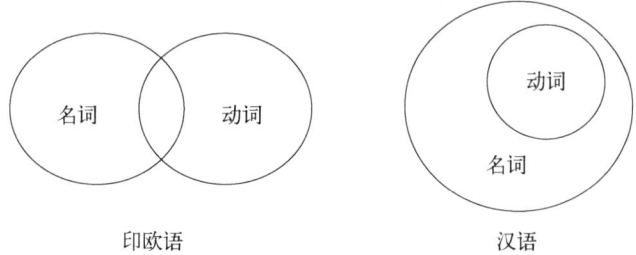

印欧语　　　　　　　汉语

5 结 语

而"名动包含"的实质则是"指述包含"(王冬梅 2018:35),即指称包含述谓。关于"指称语包含述谓语"格局的详细论证,请参看沈家煊(2011、2012b、2012c、2013)诸文。印欧语的"名词"和"动词"是语法范畴,跟语用范畴"指称语"和"述谓语"不是一回事,而汉语的"名词"和"动词"是语法范畴也是语用范畴,名词就是"指称语",动词就是"述谓语"。汉语的语用范畴(指称语、述谓语)包含语法范畴(名词、动词)。如下图所示:

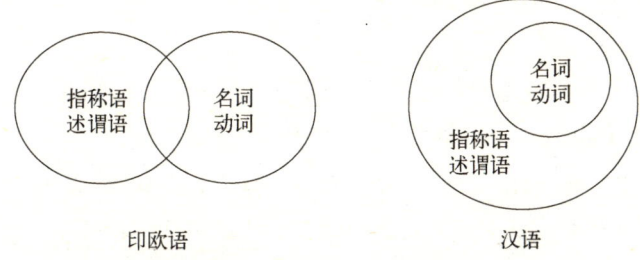

左边印欧语两种语法范畴的交叉部分是所谓的语法和语用的交界面(interface),对汉语来说,这样的交界面不存在。如果把语法看作语言的组织结构的"体",汉语的这种包含格局可以称为"用体包含","用"包含"体"。在这个包含格局里,名词就是指称语,动词就是述谓语,但是指称语不都是名词,述谓语不都是动词。从名词动词到指称语述谓语,印欧语有一个"实现"的过程，汉语没有这个过程，名词动词本身就是由指称语和述谓语"构成"的（沈家煊 2016b：1—2）。也就是说，印欧语从语法范畴（名词、动词）到语用范畴（指称语、述谓语）有一个指称化、述谓化的过程，而汉语没有这个过程。

只有认清汉语的本质特征，才能够摆脱印欧语眼光的束缚，对汉语语法现象作出统一、自洽和简洁的解释。

5.2 "指"为根本

从本文选取的三个虚词研究案例来看，它们有一个共同的特点，即它们原本都是一个指示词。"之"由"指"发展出"代"的功能，"者"由"指"发展出"顿"的功能，"而"由"指"发展出"连"的功能。但是必须注意的是，它们发展出新的表达功能之后并没有抛弃旧有的功能，因此可以说，这三个虚词的基本功能是"指"，"指"是根本，它们的功能扩展可以表示为：

之　＞　指而代

者　＞　指而顿

而　＞　指而连

5 结 语

Heine 和 Kuteva（2012：439）罗列了指示词可能语法化为以下几类词语：（1）标句词；（2）连词；（3）系动词；（4）定指词；（5）焦点标记；（6）人称代词，第三人称。① 由此可以看出，指示词"之"由"指"演化为"指而代"，指示词"而"由"指"演化为"指而连"都不足为奇，这里只需要说明一下指示词"者"由"指"演变为"指而顿"是不是例外即可。王红生（2016）认为古汉语中"者"是从指示代词语法化而来的一个重要焦点标记，这个标记的作用是以显示句子中某个成分为句意表达的重点。王红生引用马汉麟（2004：63）的观点，即古汉语"主语后面用'者'字提顿，主要是为了着重点出主语的"，进而指出这里"着重点出"四字道出了"者"的实质作用，即"者"的作用是标志前面的主语名词是句子的表意重点。王红生认为，将马汉麟的说法转换成现代语用学术语，即为"者"的作用是标志前面的主语名词为句子焦点，这个"者"是个焦点标记。"者"字的焦点标记说与吴怀成、沈家煊（2017）的"者是一个提顿复指词"并没有矛盾，复指提顿根本上是语用性质的，都是为了在实际语

---

① "定指词"，龙海平等译为"定指"；"焦点标记"，他们译作"焦点"。

言交流中加强对方的注意，提高指称语的指别度。把提高指称语的指别度的"者"看作焦点标记没有问题。因此，"者"由"指"演化为"指而顿"不是例外，"之""者""而"的演化路径都符合世界语言中指示词的语法化方向和路径。

Tomasello（2016：43）指出，人类完整沟通行为最基础的手势，应该是我们所谓引导注意或直示的手势，这点目前尚有争议，但这些手势的始祖源自人类的以手指物。Tomasello（2016：49，163）还把以手指物与指示词（demonstratives）及其他直示词（deictics）（空间上的）相联系，认为所有语言都有指示词，而且今天用到这些词时，也会伴随着以手指物。并引用 Diessel（2006）的观点说明，无论如何，指示词都是相当特别的，因为任何语言例都有它们的踪迹；它们几乎是从说话者身上体现了一种空间上的距离成分（所以有"这"和"那"之别）；它们时常跟着以手指物的手势一起出现；它们看来似乎是最原初的，因为这些词并非源于其他的词。以上说明指示词的"指"的根本性决定了它们可能是其他词的发展源头，"之""者""而"的演化和功能扩展就是很好的例证。

本书通过"之""者""而"三个案例来说明，汉语研究必须摆脱印欧语眼光，还汉语以本来面目，认清

5 结　语

汉语的本质特征，才能对各种汉语语法现象作出合理的解释。沈家煊（2011）说道："回顾历史，一百年来先觉先悟的中国知识分子为实现中国的'现代化'，纷纷从西方借鉴先进的理论和方法。'从别国里窃得火来，本意却在煮自己的肉。'这是鲁迅的话。在中国的语言学界，从《马氏文通》（1898）开始，我们向西方借鉴语言理论和研究方法的努力一直没有停息过。我想强调的一点是，还有一个同时存在的'不停息'，那就是我们想摆脱印欧语的研究框架、寻找汉语自身特点的努力也一直没有停息过。"沈家煊先生是寻找汉语自身特点的践行者之一，沈先生从2007年起，十几年来一直在孜孜不倦地探寻着汉语的自身特点，一天也没有"停息过"，从而形成了自己对汉语特点的独有看法，主要包括汉语属于大语法（即语用包含语法）、"名动包含"说和汉语流水句的指称语并置观等。本书"之""者""而"的研究就是摆脱印欧语眼光，用沈家煊先生最新观点来研究汉语的一个尝试。

那么到底什么是印欧语眼光呢？我们认为就是以动词中心论为基础的"名动分立"观和以主谓结构为基础的句子观。在印欧语中，名词是名词，动词是动词，二者是对立的两个语法范畴，名词通常做主宾语，动词通常做谓语；句子通常是由"主语+谓语"构成，主语和谓语之间往往由一致关系（agreement）控制（可参见本丛书第一辑宋文辉著《主语和话题》）。正是过于看重名动对立和主谓结构关系，才导致虚词研究中存在所谓的转化说和省略说等问题[①]，"之""者""而"研究也不例外，因此争议不断。要想解决这些争议，就必须摆脱印欧语眼光的束缚，立足汉语自身的特点，才能对其进行统一、自洽和简单的解释。

  如果我们领会了汉语词类的"名动包含"说和汉语流水句具有指称性和并置性的特点，那么对"之""者""而"的性质和功能就不难理解了。"之"为指示词，它的作用是"提高指称语的指别度"，"NP 之 VP"实际上也是"NP 之 NP"，"NP 之 VP"既可以做指称语也可以做述谓语（汉语流水句的特点决定的），当然以做指称语为常；"者"为提顿复指词，它的作用是一个自指标记，其转指功能是由自指功能派生的，"VP 者"实际上也是"NP 者"，"VP 者"既可以位于句中也可以位于句末（又是汉语流水句的特点决定的）；"而"为复指代词，其强调和连接功能是派生而来的，"X 而 Y"（X、Y 既可以是名词也可以是动词）实际上都是

---

① 汉语单复句的划分同样存在这样的问题，可以参阅本丛书第一辑许立群著《从"单复句"到"流水句"》。

5 结　语

"名而名"结构，而且 X 和 Y 后都可以接"也"构成"X 也而 Y 也"结构（还是汉语流水句的特点决定的）。

本书之所以称作"新解"，其"新"就"新"在立足汉语自身特点，打破印欧语理论框架（名动分立、主谓结构），对以往研究争议非常大的三个虚词"之""者""而"分别作出了统一、自洽、简单的解释。沈家煊先生创立的"名动包含"说和汉语流水句的指称并置观，不仅可以对古代汉语虚词"之""者""而"作出合理的解释，同样可以对古汉语其他虚词（如"也""矣""哉""或""何"等）作出合理的解释。运用符合汉语自身特点的语法理论和学说来研究古汉语虚词，必将推动古汉语虚词研究进一步向前发展。

参考文献

敖镜浩（1998），论"之"的语法性质，载《古汉语语法论集》，北京：语文出版社。

陈祝琴（2009），"子产而死""富而可求"类句子的语义问题，《南京师范大学文学院学报》第2期。

大西克也（1994），秦汉以前古汉语语法中的主之谓结构及其历史演变，载《第一届国际先秦汉语语法研讨会论文集》，长沙：岳麓书社。

邓盾（2015），上古汉语"主之谓"结构的句法分析及相关问题，《语言学论丛》第51辑。

丁声树（1933），释否定词"弗""不"，载《庆祝蔡元培先生六十五岁论文集》（历史语言研究所集刊外编第一种）。

董莲池（1990），假设分句主谓之间"而"字新探，《古汉语研究》第2期。

董秀芳（2002），《词汇化：汉语双音词的衍生和发展》，成都：四川民族出版社。

董秀芳（2004），从话题结构到复句结构：以"者"和"所"的功能演变为例，载 Ken-ichi Takashima & Jiang Shaoyu (eds.) *Meaning and Form: Essays in Pre-Modern Chinese Grammar*（《意义和形式：古代汉语语法论文集》），Muenchen：Lincom

Europa。

董秀芳（2012a），话题标记来源补议，《古汉语研究》第3期。

董秀芳（2012b），上古汉语议论语篇的结构与特点：兼论联系语篇结构分析虚词的功能，《中国语文》第4期。

冯友兰（2013），《中国哲学简史》，北京：北京大学出版社。

傅书灵（2010），关于古汉语"名而动"的一点思考，《中国语文》第5期。

郭锡良（2003），古汉语虚词研究评议，《语言科学》第1期。

古代汉语研究室（1999），《古代汉语虚词词典》，北京：商务印书馆。

管燮初（1981），《西周金文语法研究》，北京：商务印书馆。

何乐士（1989/2004），《左传虚词研究》，北京：商务印书馆。

何乐士、敖静浩、王克仲、麦梅翘、王海棻（1985），《古代汉语虚词通释》，北京：北京出版社。

何莫邪（Harbsmeier, Christoph）（1981），《古汉语语法四论》（*Aspects of Classical Chinese Syntax*），丹麦。

何莫邪（Harbsmeier, Christoph）（1983、1985），先秦汉语的名词从何而来？（Where do classical Chinese nouns come from?），《古代中国》（*Early China*）第9、10期。

洪波（2008），周秦汉语"之 s"的可及性及相关问题，《中国语文》第4期。

胡云晚（2004），论古汉语"者"字的词类归属——兼析《论语》"者"字的用法，《华南理工大学学报》（社会科学版）第3期。

甲柏连孜(2015),《汉文经纬》,姚小平译,北京:外语教学与研究出版社。

蓝鹰(1990),从少数民族语言看"而"的虚化演变,《古汉语研究》第1期。

李小军(2008),从指代到语气,从句法到语用——以"者""焉"为例试论主观性对语气词形成的影响,《汉语史学报》第7辑。

李小军、刘利(2008),语气词"者"的形成及其语气义,《南京师范大学文学院学报》第4期。

李佐丰(1983),《左传》中体之谓短语与主谓短语的区别,《内蒙古大学学报》第1期。

李佐丰(2004),《古代汉语语法学》,北京:商务印书馆。

林归思(1990),古汉语虚词的研究传统及其变革,《古汉语研究》第4期。

刘凯鸣(1982),《世说新语》里"都"字的用法,《中国语文》第5期。

刘宋川,刘子瑜(2006),"名·之·动/形"结构再探讨,载《语言学论丛》(第32辑),北京:商务印书馆。

吕叔湘(1941),论毋与勿,《华西协合大学中国文化研究所集刊》1(4):85—117。又载于《汉语语法论文集》(增订本),北京:商务印书馆,1984。

吕叔湘(1942/1982/2002),《中国文法要略》,北京:商务印书馆。

吕叔湘(1954),关于汉语词类的一些原则性问题,《中国语文》第9期。

吕叔湘(1979/2007),《汉语语法分析问题》,北京:商务印书馆。

# 参考文献

马汉麟（2004），《马汉麟古代汉语讲义》，天津：天津古籍出版社。

马建忠（1898/1983/2009），《马氏文通》，北京：商务印书馆。

马建忠（1988），《马氏文通校注》，章锡琛校注，北京：中华书局。

启功（1997），《汉语现象论丛》，北京：中华书局。

芮月英（1999），《史记》中的"者"，《徐州师范大学学报》（哲学社会科学版）第3期。

沈家煊（1999），《不对称和标记论》，南昌：江西教育出版社。

沈家煊（2007），汉语里的名词和动词，《汉藏语学报》（创刊号）。

沈家煊（2009a），我看汉语的词类，《语言科学》第1期。

沈家煊（2009b），我只是接着向前跨了半步——再谈汉语的名词和动词，《语言学论丛》第40辑。

沈家煊（2010），从"演员是个动词"说起——"名词动用"和"动词名用"的不对称，《当代修辞学》第1期。

沈家煊（2011），为什么说汉语的动词也是名词——语法研究的破和立，载《语法六讲》，北京：商务印书馆。

沈家煊（2012a），名动词的反思：问题和对策，《世界汉语教学》第1期。

沈家煊（2012b），"零句"和"流水句"——为赵元任先生诞辰120周年而作，《中国语文》第5期。

沈家煊（2012c），关于先秦汉语名词和动词的区分，《中国语言学报》第15期。

沈家煊（2013），谓语的指称性，《外文研究》第1期。

沈家煊（2015），形式类的分与合，《现代外语》第1期。

沈家煊（2016a），从唐诗对偶看汉语的词类和语法，《当代修辞学》第3期。

沈家煊（2016b），《名词和动词》，北京：商务印书馆。

沈家煊（2017a），《〈繁花〉语言札记》，南昌：二十一世纪出版社。

沈家煊（2017b），汉语有没有主谓结构，《现代外语》第1期。

沈家煊（2017c），大语法包含韵律，《世界汉语教学》第1期。

沈家煊、完权（2009），也谈"之字结构"和"之"字的功能，《语言研究》第2期。

沈家煊、王冬梅（2000），"N的V"和"参照体—目标"构式，《世界汉语与教学》第4期。

沈家煊、许立群（2016），从"流水句"的特性看先秦"名而动"结构，《语言教学与研究》第6期。

宋洪民（2009），也谈"名而动"结构，《中国语文》第2期。

宋绍年（1998），古汉语谓词性成分的指称化与名词化，《古汉语语法论集》，北京：语文出版社。

宋文辉（2006），上古汉语"N之V"结构再考察，中国语言学会第十三届年会（秦皇岛）。

宋文辉（2018），《主语和话题》，上海：学林出版社。

宋作胤（1964），论古代汉语主语和谓语之间的"之"字，《中国语文》第4期。

孙洪伟（2008），《上古至中古主之谓结构研究》，北京大学博士论文。

孙洪伟（2015），上古汉语"者"的所谓自指标记功能再议，《中国语文》第 2 期。

汤双（2011），反物质之谜，《读书》第 2 期。

完权（2018），《说"的"和"的"字结构》，上海：学林出版社。

王冬梅（2018），《汉语词类问题》，上海：学林出版社。

王洪君（1987），汉语自指的名词化标记"之"的消失，《语言学论丛》（第 14 辑），北京：商务印书馆。

王洪君（2011），汉语语法的基本单位与研究策略（文后补记），载《基于单字的汉语词法研究》，北京：商务印书馆。

王洪君、李榕（2014），论汉语语篇的基本单位和流水句的成因，《语言学论丛》第 49 辑。

王红生（2016），古汉语的焦点标记"者"，《南开语言学刊》第 2 期。

王力（1980），《汉语史稿》（中册），北京：中华书局。

王力（1989），《汉语语法学史》，北京：商务印书馆。

王力（1999），《古代汉语》，北京：中华书局。

王远杰（2008），《定语标记"的"的隐现研究》，首都师范大学文学院博士学位论文。

魏培泉（2000），先秦主谓间的助词"之"的分布与演变，《"中研院"历史语言研究所集刊》第 71 本第 3 分。

吴春生、马贝加（2014），"名而动"结构补说，《中国语文》第 2 期。

吴道勤（1985），虚词"者"溯源，《湘潭大学学报》（社会科学版）校庆特刊。

吴怀成（2014），《现代汉语动词的指称化研究》，上海：学林出版社。

吴怀成、沈家煊（2017），古汉语"者"：自指和转指如何统一，《中国语文》第3期。

解植永（2006），古汉语主谓之间"而"的作用与来源，《甘肃联合大学学报》（社会科学版）第4期。

徐通锵（1997/2014），《语言论——语义型语言的结构原理和研究方法》，北京：商务印书馆。

许立群（2016），《汉语流水句研究——兼论单复句问题》，中国社会科学院研究生院博士学位论文。

许立群（2018），《从"单复句"到"流水句"》，上海：学林出版社。

徐列炯、刘丹青（2007），《话题的结构与功能》（增订本），上海：上海教育出版社。

薛凤生（1991），试论连词"而"字的语意与语法功能，《语言研究》第1期。

杨荣祥（2008），论"名而动"结构的来源及其语法性质，《中国语文》第3期。

杨荣祥（2010），"而"在上古汉语语法系统中的重要地位，《汉语史学报》第10辑。

杨树达（1930/1984），《高等国文法》，北京：商务印书馆。

姚振武（1994），关于自指和转指，《古汉语研究》第3期。

姚振武（1995），现代汉语的"N 的 V"和古代汉语的"N 之 V"，《语文研究》第2、3期。

姚振武（2015），《上古汉语语法史》，上海：上海古籍出版社。

袁仁林（1989），《虚字说》（解惠全注），北京：中华书局。

袁毓林（1997），"者"的语法功能及其历史演变，《中国社会科学》第3期。

张东荪（1938），思想言语与文化，《社会学界》第10卷（6月），节选载《当代修辞学》2013年第5期。

张敏（2001），从类型学和认知语言学的角度研究语法化——实例分析之二：上古汉语定语标记"之"的语法化（未刊稿）。

张敏（2003），从类型学看上古汉语定语标记"之"语法化的来源，载《语法化与语法研究》（一），北京：商务印书馆。

张世禄（1959），古汉语里的偏正化主谓结构，《语文教学》（华东）第11期。

张世禄（1978），《古代汉语》，上海：上海教育出版社。

张雁（2001），从《吕氏春秋》看上古汉语的"主·之·谓"结构，《语言学论丛》（第23辑），北京：商务印书馆。

赵元任（1968/1979/2002），《汉语口语语法》，吕叔湘译，北京：商务印书馆。

中国社会科学院语言研究所词典编辑室（1987），《倒序现代汉语词典》，北京：商务印书馆。

周韧（2012），"N的V"结构就是"N的N"结构，《中国语文》第5期。

朱德熙（1983），自指和转指——汉语名词化标记"的、者、所、之"的语法功能和语义功能，《方言》第1期。

朱德熙（1985），《语法答问》，北京：商务印书馆。

朱德熙（1988），关于先秦汉语里名词的动词性问题，《中国语文》第2期。

朱德熙（1990），关于先秦汉语名词和动词的区分的一则札记，载《王力先生纪念论文集》，北京：商务印书馆。

祝敏彻（1982），《朱子语类》中"地""底"的语法作用，《中国语文》第3期。

Chao, Yuen Ren（赵元任）(1955), Notes on Chinese grammar and logic. *Philosophy East and West* V1, 31–41.《汉语语法与逻辑杂谈》，白硕译，载《赵元任语言学论文集》，北京：商务印书馆，2007年。

Crystal, David (1997), *A Dictionary of Linguistics and Phonetics*. 4th edition. Blackwell Publishers Ltd.《现代语言学词典》，沈家煊译，北京：商务印书馆，2000年。

Diessel, Holger (1999), *Demonstratives: Form, Function, and Grammaticalization*. Amsterdam: John Benjamins.

Diessel, Holger (2006), Demonstratives, joint attention, and the emergence of grammar. *Cognitive Linguistics* 17.

Diessel, Holger (2013), Where does language come from: some reflections on the role of deictic gesture and demonstratives in the evolution of language. *Language and Cognition*, 5 (2–3).

Fillmore, Charles J (1997), *Lectures on Deixis*. Stanford: CSLI Publications.

Garcia, Erica C (1975), *The Role of Theory in Linguistic Analysis: The Spanish Pronoun System*. Amsterdam: North-Holland Publishing Company.

Haiman, John (1978), Conditionals are Topics. Language, 54.

Heine, Bernd & Tania Kuteva (2002), *World Lexicon of Grammaticalization*. Cambridge: Cambridge University Press. 龙海平等译 (2012),《语法化的世界词库》，北京：世界图书出版公司。

Hopper, Paul J. & Elizabeth Closs Traugott (2003), *Grammaticalization (Second Edition)*. Cambridge: Cambridge University Press.

Lyons, John (1977), Semantics (Vol. 2). Cambridge: Cambridge University Press.

Posner, M. I (1973), *Cognition: An Introduction*. Glenview, Ⅲ: Scott, Foresman.

Simon, Walter (1951), *Der erl jiann*（得而见）and *der jiann*（得见）in *Luenyeu*（《论语》）Ⅶ, 25. *Asia Major* 2: 1, 46–47.

Simon, Walter (1952、1954), Functions and meanings of erl（而）. Ⅰ-Ⅳ. *Asia Major* 2: 2, 179–202; 3: 1, 7–18; 3: 2, 117–131; 4: 1, 20–35.

Taylor, J. R (1994), "Subjective" and "Objective" Readings of Possessor Nominals. *Cognitive Linguistics*, 5 (3).

Tomasello, M (2010), *Origins of Human Communication*. Cambridge, MA: MIT Press. 蔡雅菁译（2016），《人类沟通的起源》，北京：商务印书馆。

Yang, Se Uk & Kim Won-joong (2007), Conditionals and Topics in Classical Chines. IACL-15 (Columbia University) paper.

Yue, Anne O（余霭芹）(1998), Zhi 之 in Pre-Qin Chinese. *T'oung Pao*, 84.

图书在版编目(CIP)数据

"之""者""而"新解/吴怀成,完权,许立群著.—上海:学林出版社,2019.10
(语言学热点问题研究丛书.第二辑)
ISBN 978-7-5486-1563-7

Ⅰ.①之… Ⅱ.①吴…②完…③许… Ⅲ.①古汉语虚词—研究 Ⅳ.①H141

中国版本图书馆 CIP 数据核字(2019)第 201151 号

责任编辑　张予洢
封面设计　严克勤

上海文化发展基金会图书出版专项基金资助

语言学热点问题研究丛书

"之""者""而"新解

吴怀成　完　权　许立群　著

出　　版	学林出版社
	(200001　上海福建中路193号)
发　　行	上海人民出版社发行中心
	(200001　上海福建中路193号)
印　　刷	上海展强印刷有限公司
开　　本	787×1092　1/32
印　　张	5.625
字　　数	10万
版　　次	2019年10月第1版
印　　次	2019年10月第1次印刷
ISBN 978-7-5486-1563-7/H·121	
定　　价	28.00元